小泉武夫の
味覚極楽舌つたけ

小泉武夫

東京堂出版

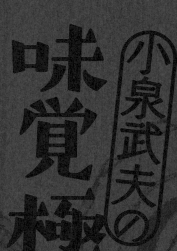

はじめに

日本経済新聞で連載「食《く》あれば楽あり」が始まったのは、平成6年（１９９４）4月のことである。従って、この令和元年（２０１９）でもって、連載は26年目に入った。長い間書いてきた中で最大の自慢は、これまで一度たりとも休載がなかったということである。これは、私が書くことが好きだというのと、好奇心旺盛な食いしん坊で食べたり飲んだりするネタが無限にあるということでもある。一回一回、食べ物の素晴らしさをみなさんに伝えたいと思って書いてきているうちに、気が付いたら丸25年を過ぎ、26年目となってしまった。

これは何よりも、読者のみなさんが興味をもって楽しんで読んでくださっているお蔭である。書き手にとってこれ以上の励みはない。改めて御礼を申し上げます。

さて、連載はこれまでに書籍化されて、すでに第6集まで出ている。第6集が刊行されたのは平成23年（2011）2月のことだ。ところがその後、私の激忙と怠慢によって、続きが出ないまま、月日が流れてしまった。この間、多くの方々から「第7集目はまだですか」とたびたび急きたてられてきたので、申し訳なく思っていた。

このたびようやく、東京堂出版から第7集を出すことができた。この第7集は平成23年（2011）1月4日から平成24年（2012）10月30日までの、90篇をまとめたものである。

私がこの「食あれば楽あり」を書いてきて、多くの方々から言われることは「読みながら涎《よだれ》が出てきて止まらない」とか、「読むと思わず台所に駆け込んでつくりたくなってしまう」といったことで、「涎流《よだれなが》させの文章だ」とかいうのもあった。そんな風に言われることが、とても嬉しい。

連載では、いつも美味しさをリアルに表現するよう全力で原稿用紙に向き合ってきた。こうして生まれたのが「コピリンコ」「ガブリンコ」「グビリンコ」であり、「ジュルジュル」「チュルチュル」「ピュルピュル」といったことばで、読者のみなさんは「小泉造語」

と言っておられるようだ。さらに「頬落舌踊《ほおらくぜつよう》」「大脳味覚受容器が振り切れる」「味覚極楽の絶頂」と続く。こういった小泉用語を読者のみなさんがとても楽しんでくださっているのは、ほんとうにありがたく、書き続ける力になっている。

従って、この第7集は、この「小泉造語」に沿って章を分けてみた。そこには「ピュルルピュルル　涎大洪水の美味」や「失神寸前　美味の絶頂」、「超特急のぞみ号　胃袋にまっしぐら」「コピリンコ・ムシャリンコ　至福の反復」といったような、読者のみなさんにはお馴染みの小泉造語が並んでいる。ぜひ、楽しく味わっていただきたい。

私が本の中で強く伝えたいのは、料理のことだ。ご存じのとおり、私は「食魔亭《しょくまてい》」という厨房を持っていて、連載の中にもしばしば出てくるが、この食魔亭の料理は、ほとんどが小泉武夫の独創料理である。連載では読んだ方が簡単につくれるように、できるだけわかりやすく料理の仕方を書いてきた。実際にみなさんがつくるならば、ほんとうに美味しいものにしなければならないと思って、いろいろと私なりに工夫してきた料理ばかりだ。読者のみなさんが台所に立つ機会があるようだったら、本書を参考にしてもらえたら嬉しい。

食べ物や料理とは、常にその食味を味わうものであるが、このように、文字から食べ物の美味しさを感じられることもあるのだ。また食べることを知る喜び、食べ物に対するロマンは、文字からも出てくる。そのことを、本書を通して伝えることができたら幸いである。

今後、第7集のあと、まだまだこれから8集、9集と続くかと思うが、これからも引き続きご愛読いただき、「味覚極楽」の世界を心ゆくまで味わっていただければ、何よりも嬉しい。

令和元年（2019）7月

小泉　武夫

目次

小泉武夫の 味覚極楽 舌ったけ

第1章 ピュルルピュルル涎大洪水の美味

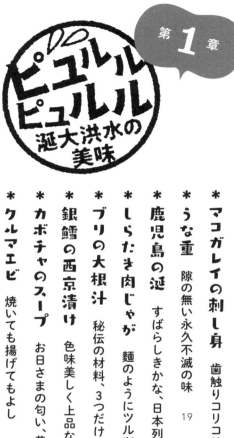

第2章

失神寸前 美味の絶頂

第3章

目に眩しき 極彩味賞の世界

第4章 懐かしい思い出をパクリンコ

第5章 熱さハフハフの極上食

第6章 超特急のぞみ号 胃袋にまっしぐら

第7章

季節を丸ごとガブリンコ

第8章

大脳味覚受容器が振り切れるうまさ

第9章 味覚極楽のよいよい

第10章

素晴らしきかな食感の大競演

第11章

頬っぺた落としの味

第12章　コピリンコ・ムシャリンコ　至福の反復

第1章

ピュルルピュルル 涎大洪水の美味

マコガレイの刺し身

歯触りコリコリ、ポン酢で

ピュルル ピュルル 涎大洪水の美味

今、マコガレイがとてもうまい。江戸前の代表的魚として珍重され、また大分県日出《ひじ》では城下《しろした》ガレイの名で有名である。6月、その江戸前の魚を商う千葉県富津《ふっつ》市の平野正明大将から、ちょうど食べごろのサイズの、新鮮そのもののマコガレイが送られてきた。今朝獲れたものだと一筆在り、ちょうど着いたころが食べごろだ、とも書いてあった。アクアラインを通れば、富津からは2時間もあれば都心に着くので、新鮮さは保証付きだ。体長約30センチでぽてっとしていて、頭を持って身を水平にすると、魚体はデレレと垂れずピンと横に張ったままで、そこからも新鮮さがわかった。

もう食べ方は決まりで、勿論刺し身での薄造りだ。早速、我が厨房「食魔亭」で下ごしらえに入った。先ずいつものように五枚におろしたが、骨から身を離すときの出刃包丁からの音がシャラシャラと爽やかで、ますます生き生きとしたマコガレイを褒め称《たた》えた次第だ。

その冊取《さくど》りした身を、今度は刺し身包丁で薄く引いて切り分け、その身の一枚一枚を大きな平絵皿に丁寧に並べて行った。盛り付け終えてその大皿を見ると、一枚一枚が透き通り、下の絵がかすかにぼやけて見える。その上、薄造り全体に光沢があり、しっとりと潤んでいて、それを見ただけでもう涎《よだれ》ピュルピュルの状態になってしまった。

さて次にポン酢だが、本格的には橙《だいだい》の搾り汁に醤油、味醂《みりん》、だし汁を加えて調味するのだけれども、市販のポン酢でも十分役目を果たせるのでそれを用いた。もみじおろしは、鷹の爪（唐辛子）から種を去り、それを水に戻してしばらく置く。皮をむいた大根の真ん中に箸で穴をあけ、そこに鷹の爪を差し込んでそのまま下ろし金で下ろした。

ポン酢をうけ皿に注ぎ、そこにやや赤みを帯びたもみじおろしを少し入れ、いよいよその薄造りを食べた。箸で2～3枚の身をまとめてつまみあげ、そのポン酢ダレにチョチョンのチョンといった感じでやや浸すようにしてから、それを口に入れて噛んだ。ピロロ～ンとした感じのマコガレイの身が歯に当たるとコリコリとして、鼻孔からはおろした大根とポン酢の匂いがサッと抜けてきた。さらに噛んでいくと今度はその身から上品な甘みと優雅なうま味、マイルドなコクなどがチュルチュル、ピュルピュルと湧き出してくるのであった。その全体をポン酢の酸味と醤油のうまじょっぱ味が包み込み、さらに鷹の爪の辛みと大根の辛苦みなどがそれを囃《はや》し立てるので只事ではなくなって、悶えたいほどの妙味を味わえたのであった。

勿論この時の酒は、淡麗な味を持った辛口の日本酒で、それをぬる燗でコピリンコしたのであったが、マコガレイの薄造りとは阿吽《あうん》の合い方で、久しぶりに雅趣が味わえた次第だ。

うな重

隙の無い永久不滅の味

鰻《うなぎ》が高騰しているというので、街の鰻屋さんも苦労している。時々行く店でも、このところ鰻丼や鰻重の値段が高くなってしまったが、しかし夏の暑い日のたまには、鰻が無性に食べたくなる。これは決して我が輩ばかりではなく、日本人なら多くがそう願望することである。

「鰻の蒲焼《かばや》き」、「鰻丼」、「鰻重」と聞いただけで、我が輩などはパブロフ博士の犬君のように、涎がピュルピュルと分泌してきて、それが口中に溢れんばかりとなる。焼く匂いを鼻で嗅ぐとなると、今度はその願望は一段と強くなって、食の欲は苛立つほどむき出しになってしまうのである。

実は先日のことだが、昼過ぎに街の裏通りを歩いていると、突然鰻の蒲焼きの匂いが鼻孔をくすぐってきた。

瞬時に心臓がドキリンコとなって思わず立ち止り、その匂いの来る方向に鼻を向けて空気を吸い込むと、鰻の脂やタレが焼け焦げた、あの憧れの匂いであった。我が輩は参ってしまい、とたんに行きつけの鰻屋にまっしぐらの逆戻りとなってしまった。

その鰻屋で、いつもの鰻重を頼んでかなりの時間待っていると、鰻の蒲焼きをのせた飯の入った重箱、蓋付き椀に入った肝吸い、小皿にのった奈良漬三切れが運ばれてきた。

それではいただきましょうと、先ず重箱の蓋を取ると、濃い琥珀《こはく》色と淡い黄褐色が混じり、全体が蒲色《かばいろ》となった蒲焼きが二枚、飯の上に横たわって重箱全面に被さっていた。蒲焼きの表面は、ところどころに小さな焦げ目が付いていて、その下の方はやわらかそうでポテポテとしている。肝吸い椀の蓋も取り、蒲焼きと吸いものに粉山椒を振り込んでから、先ず吸いものを啜《すす》った。すると口中にダシのうま味と鰻の肝からのコクとが広がり、鼻からは粉山椒の快香が抜けてきてなかなかの味わいであった。

そして、いよいよ重箱の角の方に箸を入れ、蒲焼きをやや大き目につまみとり、それを口に入れて噛んだ。

すると蒲焼きは、身の方の表面がやや歯に当たってサクリとした感じがして、しかしその中身の方はネトリトロロンと舌に当たって、さらに皮の方はピロロンとした感じで歯や舌に当たり、それぞれから濃厚なうま味と上品なコクがピュルピュルと湧き出し、ジュルジュルと流れ出てきた。

また、ほどよく乗っていた脂《あぶら》もトロトロと溶け出てきて、それがペナペナとした奥深いコクを演じていて絶妙であった。

蒲焼きのタレにじっとりと染まった飯の一粒一粒も豊満な甘みとうま味を含んでいて、とにかくどこにも隙の無い鰻重は永久不滅の味がした。

鹿児島の涎

すばらしきかな、日本列島

我が輩は、やっぱり「味覚人飛行物体」である。鹿児島、大分、沖縄、広島、新潟などにある大学の客員教授をしている関係で、年中地方を飛び回っているので、その土地、その街の料理を賞味する機会が多いからである。講義が終わり、宿舎に帰る途中、うまそうな小料理屋や定食屋を見つけると、そこで軽く一杯。そして飯を食って疲れを癒し、英気を養うのである。

先日も鹿児島大学に行った時、1コマ90分の講義を2コマこなし、暑い日だったので少々バテ気味。よし、今夜はうまい魚料理で元気を回復して明日の講義に備えるぞと、行きつけの中央駅裏にある「魚福《うおふく》」に行った。この店は、鹿児島市内でも屈指の美味しい魚料理が味わえるという評判の店で、我が輩がこの店に通い出したのも、大学の教授仲間からの情報だった。

先ず注文するのは刺し身の盛り合わせだ。すると大皿に本マグロ、キビナゴ、マダイ、ケンサキイカ、ヒラメ、サバなどが粋に盛られて出てくる。中でもキビナゴは、鹿児島の名物だけあって実に美しくそして美味しい。背側が黒く、脇腹全体が眩《まぶ》しいほど澄んだ銀色をしていて、これにチョンとショウガ醤油か芥子《からし》味噌をつけて食べる。口に入れて噛むと、その新鮮さがコリコリと歯に応え、そこから上品なうま味と優雅な甘みがチュルチュルルと湧き出してきて、それが付けダレの味と融合して、絶妙なうまさを味わうことができるのである。

本マグロの、ねっとりとした感じの濃厚なうま味とコクに感激し、イカのコリコリから出てくる高尚な甘みにも脱帽し、マダイやヒラメのシコシコ、コリコリとした歯応えの奥からじんわりと湧き出てくる上品無垢の美味と甘みに心洗われ、サバのやや身の厚い刺し身にもコリコリ感があって、そこから流れ出てくる濃厚なうま味と脂肪からのコクに感無量となる。

そして、時々注文する「あらかぶの煮付け」の美味この上なきことか。「あらかぶ」とはカサゴ（笠子）のことで、肉身は純白でしっかりと締まり、刺し身にしても絶妙だが、煮付けも実にうまい。それを注文してしばらく待つと、約25センチほどのあらかぶの姿煮が大皿にのってデンと運ばれてきた。

胸キュンキュンと心をときめかせて、煮付けの背の真ん中あたりに箸を差し込んでむしり取ると、真っ白い肉身はハラリとはがれ、それを口に入れて嚙むと、先ず鼻孔から煮魚特有の甘じょっぱい匂いが抜けてきて、口の中ではホコリポクリとした歯応えの中から、さっぱりとした感じのうま味と上品な甘みとがチュルチュルピュルピュルと湧き出てきた。ああ、日本列島はすばらしいなあ、北の海の魚も南の海の魚もこんなにうまいなんて。そう思いながら、その日は鹿児島で涎の宵だった。

しらたき肉じゃが

麺のようにツルツルと

「肉じゃが」というと、牛肉又は豚肉をじゃがいも、玉ネギ、しらたき（細い糸コンニャク）などで甘じょっぱく煮込んだ大衆料理、あるいは家庭料理の代表的なもののひとつである。子供から老人まで広く人気があるので、国民的惣菜と言ってもよいほどのものであろう。日本には醤油、日本酒、味醂《みりん》といった固有の調味料があるので、この素朴にして美味しい惣菜が出来上ったのである。酒の肴《さかな》にも、ご飯のおかずにも合う。

この肉じゃがは、我が輩の大好物でもあるのでよくつくって賞味している。しかし、一般的なつくり方とは少々異なっていて、多分に食魔亭流が入っている。材料は豚肉（我が輩の肉じゃがは豚肉をいつも使う）、じゃがいも、タマネギ、ニンジン、そしてしらたきで、実はこのしらたきが食魔亭流の色濃いところなのである。

つくり方は、豚肉200グラム、じゃがいも4個、玉ネギ1個、ニンジン（中）1本を目安として、しらたきはぐっと多目に2玉使う。じゃがいもは皮をむいてから四つ割に、ニンジンも皮をむいてから適宜の大きさに切り、玉ネギは表皮をむいてから櫛型に切る。しらたきは切らずに、長いままを一度ゆでこぼしてアクを抜き、それを水でよく洗ってから水切りしておく。豚肉はさっと炒めておく。

鍋に油（大さじ1）をひき、そこにじゃがいも、玉ネギ、ニンジン、しらたきを強火で手早く炒め、油が全体にまわったらだし汁をひたひたになるまで加え、肉を入れ、そこに砂糖大さじ3、日本酒大さじ3、味醂大さじ1、醬油大さじ4を加え、弱火に落としてから、じっくりと煮含めて出来上り。

これを大きめの丼鉢に盛り、先ず酒の肴にしてから飯のおかずにするのである。取り皿にそれを取って、先ずじゃがいもを口に入れて食べる。すると口の中で、いもはホコホコといった感じで崩れていき、十分に吸った濃厚なうま味の煮汁がトロトロと流れ出してきて、そこにいものサラサラとした甘みも加わって、絶妙である。そして肉にも、ニンジンにも、玉ネギにも、その濃厚なうま汁と甘じょっぱみがからみ付いて染まり、食べながらにして涎は止まることなく口中に溢れる仕末である。

そして、しらたきだ。むんずと箸でつまんで口に入れ、麺をすするようにしてツルツルツルと吸い上げる。これが食魔亭流肉じゃがの味わい方のひとつで、しらたきは煮汁の甘じょっぱ味と濃厚なうま味、豚肉の脂肪身からのコクなどに染まっているので滑りがよく、たちまち口の中はそのしらたきで充満する。それをムシャムシャと噛むと、しらたきはシコシココリコリと歯に応えて弾むように躍り、一体「肉じゃが」なのか「しらたき麺の肉じゃが和《あ》え」なのかわからなくなってしまう。

ブリの大根汁

秘伝の材料、3つだけ

ピュルルピュルル 涎大洪水の美味

熱々の汁ものは寒い冬に似合う最高の食べものである。魚汁、豚汁、粗汁、味噌汁、けんちん汁、潮《うしお》汁などいろいろある。

我が輩も汁をつくるのが大好きで、寒いこの時期は家に居れば毎日のようにつくって、それを嬉しく啜っている。しかし、同じ汁を毎日啜っていると飽きてくるので「日替わり汁」と洒落込んで、日によって違う汁をつくって楽しんでいる。

そんな中で、久しぶりにつくった「ブリの大根汁」があまりにも美味しかったので、以下にちょいと述べておく。よく行く地下街の魚屋の店頭でブリ（鰤）の切り身を買ってきた。今のブリは旬なので、脂肪が乗っている上に栄養価も高く、そして安いので買わぬ手はないのだ。そのブリの見事なこと。切り身全体に脂肪が乗っているのでやや白っぽく、表面は新鮮なために光沢があって眩しいほどである。

まず大根の表皮をむき、それを少し厚めの食べやすい大きさに切る。鍋に出汁《だし》をたっぷりと張り、そこに大根を入れて煮、やわらかくなったところにブリの切り身のブツ切りを入れて煮る。ブリも煮えたら、身が崩れぬよう静かに味噌を溶き入れて、ひと煮して出来上りである。ただただブリと大根と味噌だけで仕上げることが大切で、他に具は加えてはならない。以上が味覚人飛行物体流、食魔亭流「ブリの大根汁」である。

それを丼に盛る。この汁は、味噌汁の椀では物足りなさと豪快さが失われるので丼に盛るに限るのだ。盛った丼をじっと見ると、それだけで涎がピュルルピュルルと出てくる始末。ポテッとしたブリの身の脂肪の乗り具合、腹側の皮の白銀《しろがね》色、味噌にほんのりと染まった半透明の大根、味噌汁の黄金《こがね》色などのコントラストが美しい。

そして、いよいよ食べる。七色唐辛子を振り込み、左手にズシリとした丼、右手に箸を持ち、まず汁をズズーッと啜った。すると瞬時に口の中に濃厚なうま味が広がっていき、鼻孔からは豊かに熟した味噌の匂いに混じって、大根とブリの身からの食欲を奮い立たせる快香が抜けてきた。

熱いのでハフハフしながら大根を食べた。歯に当たると直ぐに崩れ、上品な甘みと優しさのある苦みが微《かす》かに出てきた。次に、ポッテリとした感じのブリの身を口に入れて噛んだ。すると、白銀色に包まれた身から濃厚なうま味がジュルジュルと出てきて、次に脂肪身からは上品な甘みとクリーミーなコクとがチュルチュル、トロトロと出てくるのであった。それを、味噌の熟したうま味と七色唐辛子のピリ辛が包むものだから、もう堪《たま》りませぬ。いいわよいいわよ、うまいわうまいわってな状態になって、以後はもう夢中でその丼にかぶりつき、大盛り2杯を平らげたのであった。

銀鱈の西京漬け

色味美しく上品な甘み

西京味噌は、昔から京都人が好んだ味噌である。京料理は味が淡泊で上品で、色も濃くなく明るいことなどを特徴とするので、味噌を使う料理には、白味噌系で塩分が少なく、すっきりした甘みを持った「西京味噌」が使われる。魚の味噌煮にしても、ぬた（魚や貝、野菜などを酢味噌で和えた料理）にしても、味噌汁にしても、京都では大概白味噌を使う。

西京味噌はなぜ白く淡泊で、甘みがあるかというと、通常の味噌は大豆を主原料にして醸すのに対し、京都の味噌は米を大豆の倍以上使って造るためである。この白味噌の性質を生かして、昔からつくられてきたのが魚介類の西京漬けである。実は我が輩はある時、京都の料理屋でマナガツオ（真魚鰹）の味噌漬けを食べた際、その甘さと塩辛さのバランスが絶妙で、また焼き上がったマナガツオの色調が妖しいほど美しいのに感激、それからというもの魚介の味噌漬けは西京漬けを好んでいる。

ところで我が輩の酒友に魚の西京漬けなどで業を成している森口一さんがいる。その彼が先日送ってくれたギンダラ（銀鱈）の西京漬けのうまかったこと。ギンダラといってもタラの仲間でなく、ホッケに近い魚で北海道近海からベーリング海に棲む北の魚だ。肉質は雪のように真っ白で脂肪分に富み、このところ日本人に人気の魚である。

この魚の西京漬けをじっくりと賞味して食べる時には、熱いご飯が似合うと思っているので、早速飯を炊いた。そしてそれが炊き上り、少々の蒸らし時間に合わせて、その西京漬けを焼いた。味噌漬けや粕漬けは焦げやすいので、付きっきりで慎重に焼き上げた。こんがりと焼いたギンダラのなんと美しいことか。真っ白い身は琥珀色を帯びたキツネ色になり、表面は肉身から出てきた脂肪でテカテカと光沢し、眩しいばかりだ。

そして、蒸らし終えたご飯を茶わんに盛り、その脇に焼き立てのギンダラの西京焼きと熱々のお茶を置いていよいよ食べる。もはや心臓の鼓動は高なり、口の中には涎が溢れる。先ずギンダラに箸を付けた。皮と身の間に箸を入れ、そこをほぐすと、小さな一枚の身がハラリとはがれた。その何枚かを口に入れてやさしく噛むと、瞬時に鼻孔から味噌と魚の少し焦げかけたような甘く香ばしい匂いが抜けてきた。そしてギンダラの身はホコホコと崩れ、そこから西京味噌の甘じょっぱさに染まった上品なうま味とコクとがチュルル、ピュルルと湧き出てくる。

次に、少し焦げ気味の皮の辺りと身をとり、それを白い飯の上にのせてから食べた。すると今度は、ギンダラの身からの上品なうま味と皮からのトロトロとしたコクが、西京味噌の甘じょっぱさの中に混じり、それを飯の耽美な甘さが包み込むので、絶妙の美味を鑑賞できた。

カボチャのスープ

お日さまの匂い、黄金の色

先日、とあるレストランで食事会があり、カボチャ（南瓜）のポタージュが出てきた。それをスプーンですくって、静かに啜るようにして口に入れ賞味した。すると瞬時に微かに日向香《ひなたか》という太陽の匂いのようなカボチャの体臭が鼻孔から抜けてきて、その直後、口の中にはサラサラとしながらもとろりとした舌ざわりが伝わってきて、じんわりと押しのある甘みと控えめのうま味、重厚感を持ったバターと生クリーム（ポタージュには大概使う）からのコクが、頬っぺたの内側をやさしく撫でるのであった。それをじっくりと味わいながら、あらためてカボチャの持っている美味しさに感心した。

その翌日、珍しく一日中家に居たので、我が輩もカボチャのスープをつくって楽しむことにした。前夜の味が頭から抜け切らず、かと言って手間のかかるポタージュをつくる時間もないので、我が輩流の簡単なスープにしたのである。先ず皮と種を去ったカボチャ（大体350グラム）と玉ネギ（半個）を薄切りにし、鍋にバター（大さじ3）を溶かした中に入れて少し炒める。そこにスープ（市販の固形スープ6個をくだき、カップ6の水に溶かしておいたもの）を加え、中火でカボチャがやわらかくなるまで煮る。具だけを取り出し、それをミキサーにかけてから鍋に戻し、牛乳（1カップ）を入れ、塩とコショウで好みに味をととのえて完成。牛乳は好みで加えなくてもよい。

スープ皿に入れ、上からみじん切りしたパセリをほんの少々散らして、いよいよ賞味した。いやはや何とその彩りの美しいことか。カボチャの、ほんの少し赤みを帯びた黄金色の上に、鮮やかな緑のパセリが目に冴えて、そして静かに匂いを嗅いでみると、やはり日向香が微かにあって、ややそこに玉ネギの少し甘っぽい匂いもあって、たちまちにして我が輩の口の中には涎が滲《にじ》み出てきて、溢れんばかりになった。

スプーンですくい取り、それを口に運んでじっくりと味わった。口の中で丸くころがすようにすると、とても重厚な感じでまっとりと広がって行き、そこから優雅な甘みがトロトロと湧き出してきた。これぞカボチャと玉ネギの甘みの共演で、その甘みを固形スープからのうま味がしっかりと支えてくれるものだから、その両者のバランスは絶妙であった。さらに少し加えた塩の存在も、それらの甘みとうま味を囃す役目となって、このスープのうまさを支えているのであった。

せっかくこんなに美味しいスープができたのだからと、たまたま甘口の白ワインが冷やしてあったので、それをコピリンコしながら飲《や》ったら、互いの液体は役者ぶりがよろしく、とても楽しい至福の夕食となった。

クルマエビ

焼いても揚げてもよし

南国の沖縄県石垣島は、クルマエビの養殖が1年中、盛んなところである。長くこの島の親善大使を引き受けているので、友人知人は数多く、従って大好物のクルマエビを送っていただける機会も結構あるのだ。つい最近も、ピチピチと生きた「活クルマエビ」が届いた。ありがたい。我が輩のお返しは、故郷福島県産豚肉の美味しい醤油の諸味《もろみ》漬けにした。

そのクルマエビは、箱詰めのおがくずの中で静かに寝ていたが、そこから引き出すと、とたんに跳ねて箱を飛び出し、床の上をピョンピョンと跳ねる有り様。元気な活エビだなあ、と思いながら20尾全部を冷水に移すと、再び静かになってしまった。それを見ながら食べ方をじっくりと思案し、定番の刺し身と塩焼きにそれぞれ5尾、久しぶりの天麩羅《てんぷら》に10尾と決めた。

その日の夕方、厨房「食魔亭」で料理して、頬落舌踊《ほおらくぜつよう》の思いをした。先ず刺し身は殻をむき、頭を落とし（頭部は塩焼きにするので捨てない）、細い背腸《わた》を去ってから、少しのワサビを溶いた醬油にチョンと付けて口に放り込んで食べた。プクプクとしたその身は口の中でコリコリと弾み、さらに噛んで行くにつれてトロトロとなり、そこからとても濃いうま味と上品な甘みとが湧き出してきて、その甘みが醬油のうま塩っぱみと融合して涎を一層分泌させてくるのであった。

いつ見てもエビの塩焼きの色の何と美しいことか。やや代赭《たいしゃ》色を帯びた赤が目にしみるほど鮮やかで、殻をむきとると、今度は紅白のしま模様の肌が浮き出てくる。口に入れてムシャムシャと噛むと、ポクポクとした歯応えの中から強い感じの甘みがチュルチュルと出てきて、それを優雅すぎるほどのうま味が包み込むのであった。1尾を食べてから、舌で上下の唇をなめてみたところ、ここにも甘みが残っていて、とても底力のあるクルマエビだと思った。頭部を使った鬼殻焼《おにがらや》きでは、香ばしい匂いとエビみそのコクが絶妙であった。

天麩羅は、通常通り溶き卵の中に尾を残したむき身を浸し、小麦粉をさっとからめてから揚げた。照り輝く黄金色の衣の中にクルマエビの紅白が透けて見える。その揚げ立てに粗塩をパッパッと振りかけ、いきなり食べてみた。熱いのでハフハフしながら噛むと、サクッとした衣から油のコクがトロトロと溶けて出てきて、追っかけてエビの甘みとうま味とがじゅわわんと湧き出してきて、鼻孔からは揚げ油に使ったゴマ油の香ばしい香りが抜けてくるのであった。

こうして、クルマエビをすっかり堪能し、最後に残しておいた2尾の天麩羅をご飯茶わんに軽く盛った飯の上にのせ、塩を振ってから熱湯を掛けて湯漬けにした時の美味には、正直言って心洗われる思いがした。

フランスパンとクロワッサン

ロシア発イクラ盛り

我が輩は、小さい時から今日まで、朝、昼、晩の食事はごく少ない例外（海外旅行など）をのぞけば、ほとんどは和食であり、ご飯中心であった。従って、パン食というものをほとんど経験していない。小さい時はコッペパンという紡錘形のパンがあり、街のパン屋に小麦を持って行くと、コッペパンや食パンと交換してくれた。ほかに、コッペパンを小さくしたものの中にイチゴジャムや黄色でドロリとしたクリームを入れたジャムパンやクリームパンもあったが、これもあまり食べなかった。

ところで我が家では女房や娘、孫たちは朝はパン食が多いが、我が輩は依然として屈せず、今朝も飯と味噌汁と塩鮭と納豆である。しかし、全くパンを食べないのかというとそうではなく、おやつとしてなら好んでいただいている。原稿など書いている間に小腹が空いた時などは、食パンを焼き、バターを塗って食べるのはとても美味しいし、フランケンのような辛口のドイツワインをチビリチビリと飲《や》るときには酵母と乳酸菌で発酵した酸味のある黒パンが合うのでよく食べる。

また、10年ほど前から、間食としてよく食べているのがフランスパンとクロワッサンである。ニンニクを微塵に切って、バターといっしょに炒め、フランスパンに塗って食べると、とてもうまい。口に入れて噛むとパリパリと音がして、そこから焼かれたパンの香ばしい匂いとニンニクの快香、バターのミルクっぽい匂いが鼻から抜けてきて、それをムシャムシャと噛むと、焼けた小麦のうま味とバターの快い塩味とコク、ニンニクのピリ辛などが一体となって、とても西洋っぽい美味しさが口中で展開されるのである。

また、ロシアのカムチャツカ州ペトロパブロフスク・カムチャツキー市のホテルで教えられた食べ方がとても気に入って、時々楽しんでいる。溶かしたバターを、輪切りにしたフランスパンに塗り、その上にイクラを盛るようにしてのせて、ガブリと食べるのである。バターを吸ってシコシコとなったフランスパンのうま味とコクとが、イクラから出てくるドロリとした濃厚なうま味と塩味と一体化し、不思議な妙味が味わえるのである。

クロワッサンという三日月形の奇妙なパンも我が輩のお気に入りだ。何となくサクサクパサパサとしているのは、生地にバターを折り込み、パイのように軽く焼き上げたためだという。我が輩がこのパンを食べる時には、ただ牛乳をコップに注いでおくだけであるからとても簡単である。クロワッサンをサクリと口の中に入れて噛むと、歯に力を入れなくてもハラハラと崩れていく。すかさず牛乳を追いかけるようにして口に含むと、クロワッサンはその牛乳の中に溶け込んで行方不明のようになってしまう感覚が、好きなのである。

第2章

失神寸前
美味の絶頂

蛤の酒蒸し

噛むほどに増すうま味

ハマグリ（蛤）の旬は晩秋から春にかけてだから、今のような暑い季節では話題にも上らない。だから値段も安いのか、先日東京渋谷にあるデパートの地下食品売り場に行ったところ、「国産ハマグリ」と書いてあって、網の袋にハマグリが15個ぐらい入れられて売られていた。値段は１２００円で、そう高くはない。大きさは殻長約４センチぐらいと小さいが、それでも15個合わせれば料理の材料にはなるだろうと、１袋買ってきた。

我が輩は、とにかく貝類が大好物なので、旬であろうがなかろうが、新鮮で安くて、量が多ければ大概は買って帰って料理する。

買ってきたそのハマグリはだいぶ小さく、塩焼きにするには役者不足であるので、何にしようかとあれこれ思案の揚げ句、結局、酒蒸しにすることに決めた。ハマグリと言っても、大粒のアサリよりやや大きいぐらいなので、アサリの酒蒸しなら時々つくっているから自信がある。

ハマグリの汚れを布巾で一個一個きれいに拭きとり、それを昆布を敷いた器に入れ、その上から水と日本酒を注ぎ、さらに醤油をほんの少し加えてから蒸し器に入れ、あとは蒸気で蒸し上げた。

この時注意するのは、蒸し器の蓋を密閉すると、水蒸気がハマグリの入った器の方に落ちるので、蓋の間に布巾などをはさんでおくことである。こうして強火で蒸すこと約8分。ハマグリは全部が殻を開けて、蒸し上ったことを教えてくれた。蒸し器から静かに器を取り出し、敷いていた昆布を取り出して出来上りである。

さて、そのハマグリの酒蒸しの見事なこと。全ての貝殻の一方に、ぽってりとした身がふっくらと付いていて、その色は幾分黄金《こがね》色を帯びた乳白色である。

もう我慢ができず待ちきれず、その蒸し上ったハマグリ一個を指でつまんで鼻の前に持って行き、深呼吸をするようにして匂いを嗅ぐと、そこからは遠い海からの潮の香りと、貝特有の肉感的温《ぬく》もりを持った官能的芳香が鼻孔から静かに入ってきた。

そして、指で殻から身を外し、それを口の中にピロロンと入れてやさしく嚙みはじめると、ぽってりふっくらとした丸くやわらかいところが破れて、中から貝ならではの奥深いうま汁と微《かす》かな甘みとがドロドロと流れるように出てくるのであった。

さらに嚙み続けると、今度は突起状や紐状になった少しコリコリと歯応えのあるところからは、上品な甘みと優雅なほどのうま味がチュルチュル、ピュルピュルと湧き出してきて、もうハマグリの実1個だけで悶絶してしまうのではあるまいか、というほどの美味に襲われたのであった。お伴の酒はよく冷やした純米吟醸酒をコピリンコ。

ウニとカニの甲羅焼

北の逸品、熱燗とともに

我が輩は、北海道庁から「名誉フードアドバイザー」という称号をいただいているので、今でも彼の地の農産物や水産物の六次化構築（農林漁業者の加工・販売への進出）や市場展開のために、札幌を中心に全道を隈無く、そして頻繁に歩き回っている。

そのため、広大な北海道のどこにどんな食べものがあり、それがどのような味や香りを持っているかなどについては大概は知っているつもりだ。なにせ「味覚人飛行物体」の我が輩であるから、その方の能力は人より長けていると自負している。

その我が輩が、これまで北海道で最も美味しかったものは何だったろうかと思い返す時、いつも真っ先に出てくるのは札幌市内の魚料理店で食べさせてくれる「ウニとカニの甲羅焼」である。この料理を北海道で食べさせてくれる店は他に幾つかあるが、我が輩が通う「まるだい亭」という店のものは正に別格、と言ってよいほどの逸品である。

大きなカニの甲羅に、茹《ゆ》でてほぐしたカニの身と極上のウニとがびっしりと透間なく詰められていて、しかもそのカニの身は、何とカニ2ハイ分のカニみそで和《あ》えられているのであるから、何とも豪勢だ。これを注文すると、焼かれてまだブツブツと鳴いている甲羅焼が目の前に出されるので、興奮しない者はいない。

実は先日も久しぶりにこの店に行って賞味してきたが、いやはやうまかったですなあ。1人前1890円也と、他の料理よりは少し高いけれども、それ以上の価値のある料理だと我が輩はいつも思っているので、なお一層うまいのである。

注文して、目の前に出されてきた甲羅焼を見ると、甲羅の中の具は全体がカニみそで淡い黄緑色を帯びた鶯《うぐいす》色をしており、そこにカニの身の白と赤、ウニの山吹色などが散っているのでとってても美しい。

先ず、添えられているスプーンを持ち、その甲羅焼から具をすくい取り、口に含んで食べた。瞬時に焼かれた甲羅の香ばしい匂いが鼻から抜けてきて、そこにはカニとウニの潮の香を含んだほんのり甘っぽい匂いも漂っていた。そして口の中には、カニの身からの優雅なうま味と上品な甘みが広がり、さらにウニの身からは甘みを引き連れた奥の深いうま味もねっとりと拡散していくのであった。

そしてそれらのうま味や甘みの上に、今度はカニみその濃厚なうま味とコクとが覆い被《かぶ》さるように広がって行くので、そのあまりの美味のために、感涙すら覚える人もいるというから、正に幻の逸品なのである。こうしてすっかりとその甲羅焼を食べた後は、空の甲羅に熱燗を注いで甲羅酒を楽しむと、「ソーラン節」でも一曲ひねり出したくなるような心持ちとなる。

ブリの粗汁

魚のうま味、ぎゅっと凝縮

日本海でブリ（鰤）が豊漁であるという。まったくいいことだ。何と言っても大形魚で、脂肪が乗り、生でも、煮ても、焼いても美味なので、魚大好きの日本人にとってはたまらないほどの魅力を持った魚である。

そのブリを、石川県能登《のと》半島にいる友人がいつもこの時期に送ってくれる。彼は漁師なので、自分で最も美味しそうなのを選び、丁寧にさばいて切り身にしてからクール便で送ってくれるから、とても有り難い。その代償に我が輩は、甘党の彼に東京の有名老舗の羊羹《ようかん》をいつも送ってやっている。つまり自宅に居ながら羊羹でブリを釣っている訳であるから、これほど楽しして美味しいものに有り付く妙手は他にあるまい。

そのブリは刺し身にして食べ、照り焼きにして賞味し、大根と煮て酒の肴《さかな》にしたが、切り身と共に送ってもらった粗《あら》は数日間、味噌汁の実にして毎日嬉しく啜《すす》った。とにかく『粗談義《あらだんぎ》――粗捨てる愚者、粗拾う賢者』という、魚の粗の食べ方を1冊の本にした程の我が輩であるので、粗料理は大好物で大得意なのだ。

その粗汁は全て味噌仕立てで、ブリの粗以外は何も入れないという超豪華版である。粗は身よりも美味しいところが多いので、我が輩にとっては豪華な食材なのである。つくり方は至って簡単。大きめの鍋に湯を沸かし、適宜の量の味噌を溶かし、粗を入れてアクを除きながらグツグツと煮て出来上り。

早速、丼に粗汁を盛り、七色唐辛子をパッパッと振り込むと、なんとも美味しそうなこと。頭のブツ切りや、肉身の付いているゴツゴツとした中骨、ポテポテとした感じで白銀色をした砂摩《すなず》りと呼ぶ腹部の肥えた部分などが、黄金色の味噌汁の中に所狭しと盛り重なっている。

先ず、ずしりと手に応えるほどの丼を両手で支え、口に近づけ、啜った。すると汁は口の中で一瞬に広がり、その重厚なうま味は、舌や頬の内側、天井を優しく押すかのように疼《うず》かせる。ああうまい、いやはや凄いと思わず独り言。そして丼を置いてから、頭のぶつ切り部分を箸でとって口に入れた。するとピロロンとした皮が骨から外れ、啜るようにして骨をチュウチュウと吸うと、ドロリとした濃厚なコクとうま味が流れ出てきた。さすがはゼラチンとコラーゲンの為せる業だ。

次に切り分けた砂摩《すなず》りの部分を箸でとり、そのひとつを口に入れて噛んだ。その身はポッテリとしていて、そこから優しい感じの脂肪がトロトロ、ジュルジュルと湧き出てきて、上品な甘みと優雅なうま味、ペナペナとしたコクなどが我が大脳味覚受容体をくすぐるのであった。それを味噌の熟したうま塩っぱさと、七色唐辛子のピリ辛が囃《はや》すので、またもや我が輩は、頬落舌踊《ほおらくぜつよう》のトランス状態寸前に達したのであった。

カキの天麩羅

薄い衣でうまみたっぷり

カキ（牡蠣）は、世界各国で賞味されていて、食用の二枚貝の中ではホタテガイ（帆立貝）と共に東西の横綱格的存在である。天然ものと養殖ものとがあるが、今日市場に出ているものの大半は後者で、最も多く食べられているのはマガキである。

我が輩、カキは大好物中の超好物で、街を歩いていての昼食となると、カキフライ定食を求めて店を探したり、夜に居酒屋に入ると、真っ先に酢ガキはないかと品書きに目をやるほどである。

カキは生食のほかに、味噌煮か潮《うしお》煮で食べるカキ鍋、潮蒸し、焼きガキ、カキ豆腐、カキのグラタン、カキ飯など多様な食べ方があるが、このところ我が輩が執心しているのが

「カキの天麩羅《てんぷら》」である。

カキには脂肪がほとんど無いので、濃いうま味を持つがさっぱりとしている。フライにすると、とたんに揚げ油からのコクがど〜んと乗って、とても重厚な味となるのである。しかしパン粉を衣にして揚げるものだから、場合によってはその衣が厚くなり過ぎて、カキの持っているうま味や潮の香り、野趣味などが半減してしまうことも多い。そこで、なるべく衣を薄くしてカキの真味を味わいたい、できれば油でコクも付けてみたい、ということで天麩羅をつくって食べてみたところ、とても美味しいのでこの食べ方にはまってしまったのである。

別段これといったつくり方はなく、通常の天麩羅をつくるのと同じく、溶いた鶏卵にくぐらせた生ガキを小麦粉にさっとまぶし、それを油で揚げ、天麩羅にするだけのことである。昨日もこれを揚げて、その出来立てを飯のおかずにしたところ、いやはやそのあまりの美味しさに、気が遠くなるような悶絶感を味わった次第だ。

天麩羅を食べる時は、天汁《てんつゆ》を付けたり塩を振ったりするが、我が輩は決って醤油である。先ず炊き立ての熱い飯を脇に置き、揚げ立てのその天麩羅を箸でとり、それを醤油にチョンチョンと付け、口に入れて噛んだ。

　すると瞬時にカキ特有の潮の香りが鼻から抜けてきて、口の中では小麦の衣がスルリと脱げてカキが裸になったような感触があってから、そのカキも歯と歯で潰されると、そこからドロリ、トロリとカキならではのクリーミーで濃厚なうま味が湧き出してきた。それを衣の油からのコクが全体を丸めるようにして広がり、そこに醤油の熟したうま塩っぱさが加わってくるものだから堪《たま》らない。もう口の中でベトベトペトペトとなって液状化したその天麩羅をゴクリンコと呑み込んで顎下《がっか》に送った次第だ。そして次は、醤油をつけた天麩羅を飯と一緒に口に入れて噛むと、今度は天麩羅の濃厚なうま味に飯の耽美な甘みが絡まり付いて、2度目の悶絶が襲ってきたのであった。

ニンニクうどんとニラうどん

匂いと甘みで元気回復

我が輩が幼少の頃、風邪をひいたり暑気あたりなどで元気消沈した時などは、よくニンニクうどんやニラうどんを食べさせられた。大人たちがそのようにしていたので、子供にも効くと思って食べさせてくれたのであろうが、その時の味や匂いが忘れられずに、今でも少々元気が落ちるとつくって食べることがある。実はこれを食うと、不思議に元気を取り戻せるので重宝しているのだ。

ニンニクうどんを、2人前つくるとすると、鍋にダシ汁を約1リットル張り、そこに味噌（大さじ4）を溶く。次に豚こま切れ肉（鶏肉でもよい）を150グラム入れて煮立ててから、玉うどんを2玉加えてさらにグツグツと煮込む。頃合いを見て、すりおろしたニンニク（5片）を入れ再び煮込む。すっかりニンニクがうどんにしみ込んだら、それを汁と共に丼に移し、その上から微塵切りしたネギを撒いて出来上りである。

実は先日、別段元気を無くしたわけではないのに、無性にこのニンニクうどんを啜りたくなり、つくって食べたのであったが、うまかったですなあ。その上、芯から体が温まったのですから底力もある。先ず熱熱のうどんにフーフーと息を吹きかけながらスズー、ズズズーと啜り込んで噛みはじめると、瞬時にかなり強いニンニクの匂いが鼻から抜けてきた。しかしその匂いには、ニンニク特有の刺激さが無く、味噌の穏やかな匂いに包み込まれているので、とてもやさしいものになっていた。

そして、口の中のうどんがどんどんと歯と歯で押し潰《つぶ》されて行くと、今度はそこからトロリトロリといった感じで上品な甘みが湧き出してくるのであった。ややっ？　この甘みはうどんからだけのものではないぞと、さらによく吟味してみると、それはまぎれもなくニンニクから出てきた噂の妙甘であった。

しばらくそのうどんとニンニクの妙味を味わい、次にすっかりと味噌の風味に染まった豚肉のひと切れを口に入れて噛み出すと、今度はそこから頬っぺたの内側を軽く押すほどの濃厚なうま味がジュルジュルと流れ出てきた。さらに豚肉の脂肪身からは、ペナペナとした軽快なコクも出てきて、透かさずそこで汁をズズーと啜り込むと、今度はその全体のうまさが我が輩の大脳味覚感応器を痺れさせるのであった。

また、今も時々つくって食べているニラうどんは、味噌で煮込み風にしたうどんの上にニラを多めにのせ、その上から溶いた卵で綴《と》じたものである。その熱熱を啜り込むと、ニラからの優美な甘みがうどんの甘みを包み込むものだから、こっちのうどんも食べはじめると、どうにも止まらなくなり、何もかも忘れて無我夢中になってしまうのである。

銘柄豚肉のロースステーキ

食感むっちり、うま味豊かに

最近は、全国各地で「銘柄豚」と称される豚肉が生産され、市場を賑わせている。沖縄県のあぐーや鹿児島県の黒豚など枚挙にいとまがなく、売り場に行くと、その類の美味しそうな豚肉の切り身に目移りして、選ぶのに戸惑ってしまうほどである。

実は、その美味しい豚肉のロースで久しぶりにポークステーキを食べたくなったので、デパートの地下食品売り場に行き、じっくりと品定めをして、たっぷりと脂肪を持った肉厚のロースを買ってきた。

そのロースの切り身は、見ただけで涎《よだれ》をピュルピュルと湧き出させる程のもので、脂肪身は純白だが表面がややしっとりとしている。また正肉身の方は、少し濃いめの赤色の中に脂肪がほんの少し縞状に入っていて、全体が光沢を帯びて潤んでいる。それを指先で押してみると、むっちりとした感触の中に跳ね返ってくる力も甚だよろしく、これはいい豚肉を手に入れたわい、と我が輩は得意になった。

そしていよいよそのロースを焼いた。先ずフライパンに軽く油を敷き、その油でニンニクとショウガの切片を焼き、焦げる直前にそれらを取り出す。次に、あらかじめ筋切りし、塩とコショウを振っておいた肉をフライパンに入れて、中火で両面をじっくりと焼き、脂肪身がキツネ色ぐらいになり、正肉身を押しても直ぐに跳ね返ってくる程になったら出来上りだ。

大きめの真っ白い平皿にそのステーキをのせ、中央付近から醤油を廻し掛けし、ナイフでそれを切りながら炊き立てのご飯で食べた。いやはや腰抜かすほどうまかったですなあ。切り分けたステーキの一片をご飯茶碗に盛った飯の上に一旦置き、先ずその肉だけを食べてみた。口に入れて噛んだ瞬間、ムッチリモッチリとした脂肪身が歯と歯に押し潰されて、そこからトロトロとしながら微かな甘みと淡泊なうま味、コクとが流れ出てきて、正肉身からは重厚なうま味がジュルジュルと出てきて、それらを醤油のうま塩っぱみが背後から包み込むものだから堪らない。その口の中のうま味に合わせるように、キツネ色にまで焼かれた豚肉の香ばしい匂いや、香り付けに使ったニンニクとショウガの快香、それに醤油の焦げ香などが鼻孔からも抜けてくるので、ますます堪らない。

さらにナイフで切り分けたもう一片のステーキを再び飯の上にのせ、今度はその肉と飯とをいっしょに頬張ってムシャムシャと噛んだ。すると今度は、それらのポークステーキの香味に飯の上品なうま味と優雅で淡い甘みとが絡まり付くものだからいよいよ堪《たま》らず、我慢できず、ゴクリンコと顎下に呑み下したのであった。肉を引き上げたフライパンに飯を入れ、醤油を廻し掛けしてつくった焼き飯も誠に美味であった。

第3章

目に眩しき極彩味覚の世界

デラックスシーフードカレー

貝・カニ、大皿で味わう

またまたカレーが食べたくなったので、先日の日曜日につくって食べた。どうも我が輩こと味覚人飛行物体は、日曜日になるとやたらにカレーが食べたくなるのは一体なぜなのであろうか。いつもあっちだ、こっちだ、そっちだ、どっちだと忙しく走り回っていて、あまり家に居ないことがそうさせるのか、のんびりとカレーでもつくってまた明日からの英気を養うためなのか、実はよくわからないままに、また日曜日にはカレーをつくってしまう我が輩なのである。まあ、カレーライスは最も家庭的食べものであるから、これを家でつくることで、心の安らぎというか安堵ができるためなのかもしれない。

たまには豪華なカレーを楽しむのも一興だと思い、名付けて「デラックスシーフードカレー」をつくることにした。それでは早速材料を調達して参りましょうと近くの魚の市場に行き、あれこれと具材を買ってきた。なに分にもデラックスなのだからと、鼻の穴から熱い吐息をプップッと吹き出して気張ったので、豪華なものが揃った。

買ってきたのは、むき身で刺し身用と表示のホタテ（1パック6個入り）、大きな活ハマグリ（5個）、大型の大正エビ（5匹）、パック入りのカニつめ（ズワイガニのはさみのむき身6個）、クジラのベーコン（薄切り5枚）である。具はこれだけで、野菜などは使わない。

ホタテはそのまま、ハマグリはむき身にし、エビは殻をむいてから背ワタを抜きぶつ切り（切り落とした頭部は鬼殻焼《おにがらや》きにするので捨てない）、クジラのベーコンは5枚ともやや幅広の縦切りにした。フライパンにバターを溶かし、これらの具を崩れないように注意しながら炒めておく。鍋に水を張り、沸騰したらカレールーを加えて溶かし、トロトロとなったところに炒めておいた具を加え、崩さないように静かに混ぜ合わせ、あとひと煮して出来上りである。

白い大皿に飯を盛り、そこにカレーをドロリと掛け、いよいよいただく。真っ白い飯の上に黄金色《こがね》のカレー、エビやベーコン、カニのつめの紅白などが美しく、大匙《さじ》でごそっとすくい取って口に入れた。瞬時に鼻孔からカレーの食欲をそそる快香が抜けてきて、まずポテポテとした感じのハマグリの身が歯に当たってシコシコとし、中からドロドロと濃厚なうま汁が出てくる。次にエビとカニ肉とが歯に応えてポクポクとし、そこから甲殻類特有の優雅な甘みが湧き出てきた。さらにホタテはペトリと、とても軟らかな歯応えがし、上品なうま味と甘みがチュルルと出てくる。クジラのベーコンはシコシコとして、そこから脂肪のコクがトロトロと出てきて、それらを飯の甘みとカレールーのピリ辛が包み込むものだから、またまた失神寸前の美味の絶頂を迎えたのであった。

夏の香草麺

爽やかな味、暑さよさらば

こうも暑くなると、冷たい麺を啜《すす》りたくなるのは、日本人の共通した夏の思いだ。冷麦、冷やし素麺、「ざる」や「もり」蕎麦などはその代表で、昔と違って今は冷蔵庫の製氷室には常時氷が在るので、その冷やし方も強力である。

我が輩も、家に居る日の暑い日の昼は大概、冷たい麺を食べている。乾麺を茹《ゆ》でて、氷水で冷やし、麺汁《めんつゆ》にも氷を浮かべて味わう冷涼感は格別で、体の中から冷えてきてとても爽快である。食欲が減退する時期でもあるので、このような冷たい麺は、それを克服する食事の妙法というものである。

ただ単に、冷たい麺を汁に付けて啜るだけでは、この味覚人飛行物体にはもの足りないと、多くの場合は丼を使ったぶっ掛け型を好んでいる。例えば先日は、乾麺（蕎麦）を茹でて、氷水で冷やし、よく水を切ってから鉢（皿より深く、口の大きい器）に入れ、その上から冷たい麺汁をぶっ掛け、さらにその上に涼味感のある香菜としてキュウリ、ミョウガ、青ジソの葉の繊切りをいっぱいのせ、おろしショウガものせて食べた。

その器を手に持って匂いを嗅ぐと、爽やかな青くささの在るキュウリの涼香、夏の暑さを忘れさせるミョウガの芳香、そして夏バテなんて蹴っ飛ばせとばかりのシソの妙香、夏の元気は俺にまかせろといったショウガの快香などが鼻孔から抜けてきて、とたんに食欲は抑えきれないほどに勃隆《ぼつりゅう》としてくるのであった。

そして、先ず麺を啜って噛むと、冷たい蕎麦が歯に応えてシコシコとする中から、微《かす》かな甘みとうま味とがそこから湧き出してきて、それが汁のうま味と一体化して、さらにそこに香草軍団の爽やかなうま味やピリ辛などが絡んでいき、食欲はますます昂《たかぶ》り、どうにも止まらなくなってしまうのであった。

また、3日前には、今度は素麺でぶっ掛け型での昼食を楽しんだ。ちょうどクルマエビを冷凍して保存していたので、それを使うことにし、先ず解凍してからさっと茹でて殻をむき去った（頭部は捨てずにペロペロとしゃぶった）。素麺は常法どおり茹でて氷水にとって冷やし、よく水を切ってから鉢に入れ、上から麺汁をぶっ掛けた。そして、クルマエビを5尾ほどのせ、青みには、これまた冷凍保存しておいた茹でグリーンピースを解凍したものをのせた。

いやはやその色彩の美しいこと。素麺の真っ白にクルマエビの紅白の縞模様、そしてグリーンピースの鮮やかな緑。その配色の美しさが目に染みて、食べるのも躊躇《ためら》うほどのものであった。麺のツルツル、エビのポクポク、グリーンピースのコロコロとした歯応えと、そこから湧き出てくる妙味に、夏の暑さなど遥か彼方へふっ飛んで行ってしまった。

自己流酒粕漬け

酒にも飯のお供にも

造り酒屋に生まれて、小さい時から毎日のように酒粕に漬けた野菜や根菜、魚などを食べていたので、酒粕漬けは大好物である。そのため、今から5年ほど前からは、20リットル容量の蓋付きのポリ容器に酒粕を常時入れておき、そこにさまざまな材料を漬け込んで楽しく賞味している。今は1年中酒粕が売られているので、減った分の粕は新しい粕で補うことができ、容器の中で熟成も進んで、ペトペトと柔らかくなり、うま味もぐんと増えるので、こんな嬉しいことはないのである。

このところ絶妙なほど美味だと驚いて、時々漬け込んで食べているのが筋子である。近くの魚市場に行って筋子を買ってきて、それを切らずに一本漬けをする。5日目ぐらいから端の方からひと口サイズに切り分けては幾つかを出してきて、熱い飯のおかずにすると、心洗われるほどの美味しさが味わえる。

熱い飯の上に筋子をのせ、それをじっと見ると、真っ赤な筋子の粒々が真っ白いご飯の上で輝いていて、眩《まぶ》しいほどである。その筋子を口に入れてやさしく噛むと、瞬間に酒粕の熟《な》れた芳醇《ほうじゅん》な香りが鼻孔から抜けてきて、口の中では潰れた筋子から濃厚なうま味が、酒粕からは甘ったるいうま味がトロトロと湧き出してくる。飯と共に食べると、今度はそれらのうま味に飯の耽美な甘みが絡み付いていくので、じっくりと味わうと、これまでに体験し得なかったような味覚極楽の世界を見ることができるのである。

さて魚売り場へ行くと、マダラ（真鱈）の切り身が大量に売られている。それを買ってきて、塩を少し振り込んで1晩置き、表面の水分を布でよく拭きとってからその酒粕に漬ける。3日ほど漬け込んだものを焼いて酒の肴《さかな》にすると大層美味しく、また飯のおかずにしても嬉しいものである。

酒粕に漬けた魚は、火が強いと直ぐに表面が焼き焦げて台無しになってしまうので、火加減には細心の注意が必要で、我が輩などは、焼き上がるまで、じっと様子を見ながら決してそこを動くことはない。こうして焼き上げたマダラの粕漬けの美味しいこと。焼き上がったものの表面は全体がキツネ色になっていて、そこからは焼かれた粕漬けの香ばしい匂いがふんぷんと立ち昇ってくる。

その焼いた粕漬けに箸を入れると、身の一部はハラリと小片に離れて、その1〜2片を口に入れて嚙むと、少しポクポクとした歯応えの中から、マダラ特有の淡泊なうま味と、それを包んでいた酒粕の濃厚で甘ったるいうま味とがチュルチュルと湧き出してくる。ここで熱燗を盃《さかずき》でコピリンコ。熱い酒は、いっぺんにマダラの粕漬けの香味を洗い流して口の中をキリリと整えてくれる。再びマダラの粕漬けを食べてコピリンコ。ああ、ポクリンコ、コピリンコ。

スープカレー

極彩色の色合い・味わい

ライスカレーが大好物なので、街ではよく食べるし、我が厨房「食魔亭」でもよくつくるメニューである。さまざまな具が入っているところにドロリのカレールー、これをご飯にたっぷりと掛けて食べる醍醐味は、いくら年を取っても子供心に帰れる嬉しい食べものである。

ところが最近の街では今、ドロリではなくビジャリのカレー、すなわち液体状のルーをご飯に掛ける、いわゆるスープカレーというのが若い女性を中心に流行している。先日、どんなものかと都内の専門店で食べてみたところ、これがなかなか美味しい上に体がポカポカと温まるので感心した。

それでは一度、我が輩もつくってみましょうかと、一昨日挑戦してみた。冷凍庫にあったエビ3尾、カキとホタテそれぞれ4個を解凍し、ペーパータオルで水気をよく拭きとっておく。玉ネギは薄切りに、ブロッコリーは茎も花部もぶつ切りに、トマトは縦四つに切り分け櫛《くし》形にし、先ずフライパンに油を引いて玉ネギを炒め、そこにエビ、カキ、ホタテ、ブロッコリーを入れてさらに炒め、全体がしんなりとしてきたらカレー粉を大匙《さじ》軽めに1を振り入れて炒め合わせ、最後にトマトを加え崩れないようにあと少し炒めて火を止める。

そこにスープを注ぎ入れるのであるが、これはだし汁2カップに醬油大匙1、トマトケチャップ大匙1、ウスターソース小匙1を加えてよく混ぜたものである。これで「食魔亭」流シーフードスープカレーの完成だ。簡単だから一度つくってみるとよい。本当にうまい。

それが出来上ってみると、我が厨防「食魔亭」はすっかりカレーのうまそうな匂いに包まれていた。スープ用の深皿に温かい飯を軽く平たく入れ、その上から熱々のスープカレーをたっぷりと掛けたが、その彩りの美しいこと。エビとトマトの赤、ブロッコリーの緑、飯の白、スープの黄金色と、何だか極彩色の絵画のようである。

スプーンで先ず液（スープ）の方を掬《すく》って口に啜り入れた。その瞬間、鼻から抜けてくるカレーの香辛料の匂いが我が輩の全身をやさしく揉み解《ほぐ》す。そして熱々の口の中には、カレーのマイルドなコクがピタピタと液状に広がっていって、そこから辛味と甘味、うま味とが絡み合うようにして出てくるのであった。

エビはポクポクとし、カキはコロコロとし、ホタテはシコシコと弾み、それぞれから特有の甘みとうま味が湧き出してきて、そこにルーからの辛みと野菜からの甘みが合体して、これぞ美味の極致といった感覚に達した。そして飯の一粒一粒がそれらの味に染まっているものだから、舌に馬力がかかり過ぎ、あっという間に大きな皿には飯粒一つ残ってはいなかった。

精進天丼

彩り野菜、甘じょっぱく煮て

いつも魚だ、肉だ、刺し身だ、串焼きだと言って、動物性の食材を中心に食べている我が輩なので、たまには精進料理を食べてみるか、と思うようになったのは歳のせいなのだろうか。精進料理とは、肉類や魚類を避けて菜食することであるので、今回は野菜の天麩《てんぷ》羅《ら》をつくることにした。

大好物はゴボウの天麩羅で、ほかにニンジン、生シイタケ、カボチャ、ナス、インゲンマメ（サンドマメ）もつくった。つくり方は通常の野菜の天麩羅を揚げるのと同じで、先ずゴボウとニンジンはせん切りに、生シイタケは石突き（軸）を切り落とし、カボチャは薄切りで扇形に、ナスはへたを落としてから縦に四つ割りし、インゲンマメは両端にあるへたと尖《とが》りの部分を切りとる。衣は我が輩の場合、鶏卵1個分に対し小麦粉大さじ6、水大さじ3を混ぜ合わせたもので、この衣をそれぞれの野菜にたっぷりとつけ、油で揚げたのである。

その揚げたての天麩羅を大皿に盛り合わせてみると何と美しいことか。パリパリ感のある淡黄の衣の下に薄く透けて見える色合いが何とも言えず綺麗で、ゴボウの白銀色、ニンジンの赤色、インゲンマメの緑色、ナスの黒紫色、シイタケの深褐色、カボチャの黄橙色が、まるで一枚の絵のように映えている。

では早速、この天麩羅の出来栄えはいかがかと、盛り合わせた中からゴボウの天麩羅を一枚取り皿に移し、それに微細に砕いてある天然塩を振って食べてみた。口に入れて噛むと、衣が歯に当ってサクリサクリと音を立て、直ぐに今度はゴボウのカリリ、コリリ、シャリリといった歯応えがしてきて、衣からはペナペナとした感じの揚げ油からのコクがジュルジュルと、ゴボウからはかすかな甘みとうま味がピュルピュルと湧き出してくるのであった。そして鼻孔からは、ゴボウ特有の、ほのかに牧歌的味わいのある土の香りと、衣の香ばしい匂いが抜けてきて、それらの香味を塩のほんのわずかのしょっぱみが引き立てるものだから、とても上品な天麩羅に仕上がっていた。

それらの天麩羅を肴に焼酎のお湯割りでコピリンコした後は、精進天丼をつくって賞味した。天麩羅を醤油、少々のダシ汁、味醂《みりん》、日本酒で甘じょっぱく煮て、それを丼に七分目ぐらいに盛った温かい飯の上にのせ、豆腐を具にした赤出汁《あかだし》の味噌汁で食べた。

ズシリと重いその天丼を左手に持ち、右手の箸でかっ込むようにして食べると、鼻孔からは甘ったるい匂いが抜けてきて、口の中には煮込まれた野菜天麩羅の甘じょっぱい味とそれぞれの野菜のうま味が広がり、それが飯の甘みと一体となる。それをゴクリンコして、ここで赤出汁の味噌汁をグビー。ああたまらない、たまらない。

だし巻き卵

ウニ入りを酒の肴に

だし（出汁）巻き焼き卵、通称「だし巻き卵」は酒の肴にも茶請けにもよく合うので大好きである。鶏卵に美味しいだし汁を加え、砂糖や塩で調味し、巻くようにして油で焼き上げていく日本ならではの卵料理だ。

我が輩のつくり方は大体以下のようだ。鶏卵4個をボールに割り、泡を立てないように静かにほぐす。これにだし汁（鶏卵の量の3分の1）と砂糖（小さじ4）、塩（小さじ2分の1）を加えてよく混ぜる（液卵）。卵焼き器を熱し、それにサラダ油（大さじ1）を入れて全体に行きとどくよう、すみずみまで油をまわす。卵焼き器に4分の1量の液卵を流し入れ、火を弱め、半ば焼き上ったら箸で手前から向こう側に巻いて行き、できた空きスペースに再び油を敷き、同じ要領で液卵を流し入れ、手前から巻きながら重ねていく。こうして火加減を注意しながらこれを繰り返し、最後に形を整えて出来上りである。

早速、焼きたてを食べてみる。これが食べられるのも自分で焼いたからの特権で、これがまた誠にもって美味しい。先ず、焼きたてをフライパンからまな板に移し、形よく切り分けてから、その1つを小皿にとり、箸でまん中あたりから2つに分け、そのうちのひとつを口に入れて噛むのである。すると瞬時に、卵焼きの甘ったるさを含んだ香ばしい匂いが鼻孔から抜けてくる。そして口の中では、歯と歯でやさしく潰されただし巻きから、濃厚なうま味をともなった優雅な甘みがジュルジュルと溶け出してくるのである。そこに、焼き油のペナペナとしたコクもまとわり付いてくるので、絶妙な風味を味わうことができるのである。この妙味を味わっていると、卵の持つ底力というものが本当にわかる気がする。

実は先日、北海道から生ウニを送ってもらった。木箱に入った高級なもので、眩しいほど美しい山吹色。しっとりと光沢があり、嘗《な》めてみるとトロリとして口中に美しいほどの甘みが広がって行った。その時は酒の肴にして賞味したが、それでもかなり残っていたので冷凍しておいた。

それを思い出し、贅沢この上無いウニ入りのだし巻き卵をつくることにした。鶏卵3個をボールに割り、ウニ20グラムを加え、あとは前述と同じ比率でだし汁、砂糖、塩を加え、よく混ぜてから巻きながら焼いた。

そのウニ入りだし巻き卵の出来栄えはいかがかと、焼きたてを食べてみて驚いた。先ず鼻孔からは、はっきりと解る潮の香あるいは磯の香りが抜けてきて、舌ざわりは俄然滑らかになって、優雅な甘みも倍加して、ウニを加えただけでこんなにも違うものかと感心すること頻《しき》りであった。その日は、お湯割りの焼酎をコピリンコしながらそれらのだし巻き卵をいただいたのであったが、その相性はぴったりであった。

金柑

黄金色の甘露煮、紅茶に

鹿児島県の知人から金柑（キンカン）が沢山送られてきた。柑橘類の中では最も小さいのが愛されて、昔は大変重宝された食材である。果肉は酸味が強いが、皮は芳香に富む上に甘みがあり、今はその多くが甘露煮（砂糖煮）やマーマレードに使われている。

数年前から、春のこの時期になると送ってくれるので、毎年甘露煮にして嬉しく賞味している。だから今年も、それをつくることにしたが、つくり方は至って簡単。先ず金柑をよく水洗いしてから、1個1個に5ミリ間隔で縦に切り込みを何本も入れる。別に、鍋に湯を沸かしてその金柑を茹で、アクはすくい取る。金柑が浮いてきてから5分ぐらいして網じゃくしですくい上げ、直ぐに冷水に入れる。鍋に水3カップを入れて沸かし、そこに砂糖220グラムを入れ、それが溶けたら金柑20個を入れて半蓋をし、弱火で20分ほど煮詰め、火を止めて出来上りだ。熱いうちにシロップごと器に移し、冷めたら食べる。

出来上ったその金柑の甘露煮はとにかく美しい。全体が琥珀色を帯びた黄金色で、シロップにドロリと包まれて妖しいほどの光沢を放っている。先ずその1個をシロップごと小皿にとり、それをスプーンですくいとって口に入れて噛んだ。すると直後に、柑橘特有の芳香がほとばしるように鼻孔から抜けてきた。そして口の中では、金柑の皮の部分が歯に応えてムチリネチリとしたかと思ったとたんに、その皮が破れ、中からマイルドな酸味と甘いシロップ、爽やかな苦味などがトロリトロリと流れ出てくるのであった。

それを心ゆくまでじっくりと賞味し、ゴクリンコと呑み下してから、用意しておいた熱い煎茶をスズーと啜った。すると今度は、口の中にわずかに残っていた甘露煮の甘酸苦味が、茶の渋味と苦味に快く混じり合い、それをグビリンコと呑み下すと、今度は口の中は何も無かったようにさっぱりとしてとても爽やかになった。

この金柑の甘露煮は、パンにも実によく合う。トースターでこんがりと焼いたパンにバターを塗って溶かし、そこにあらかじめペースト状にしておいた甘露煮を塗って食べるのである。それをひと口、パクリと食べると、先ず溶けたバターを吸ってむっちりしっとりとしたパンからジュルジュルとバターが染み出してきて、そこに金柑の甘露煮からの甘く酢っぱくほろ苦い味が混じって一体となり、さらにパンの甘みやバターのコクもそれに融合して渾然一体となって、我が大脳味覚受容体はもはや収拾のつかない程の美味の混乱に陥ってしまうのであった。

また、この金柑の甘露煮を潰し、紅茶を飲む時に砂糖の代わりに入れてみ給え。ああ君知るや紅茶の新しき楽しみをば、と相成るのである。

第4章

懐かしい思い出をパクリンコ

カレー缶

50年前の味覚極楽

缶詰は誠に重宝だ。飯があって、器があって、箸があって、缶切りがあって、醤油があれば、あとは何もいらず、料理もすることなく、美味しく食べることができるのだから魔法のような食べものだ。大学生時代、東京・原宿の下宿家の2階でずいぶんと世話になったのが缶詰。また地球のあちこちのへき地調査に行った時も、大変お世話になったのも日本から持って行った缶詰だった。とにかく缶詰は、今までの我が輩の食歴の中で、ところどころに出てくる句読点のようなものである。

そんなことから、今でもこの魔法の食べものには憧れがあって、今日の進化した缶詰などまで、興味津津で見ている。しかし、やはり昔のセピア色時代の缶詰への思慕には及ばない。クジラの須の子の缶詰、楕円形の缶に入ったサンマやイワシの醤油煮、牛肉の大和煮やすき焼きの缶詰、イカの丸煮缶、カレーの缶詰、大型で汁たっぷりの果物のシロップ缶詰などは思い出すだけで心が眩《まぶ》しくなる。

実は先日、久しぶりに昔の感覚が残っているカレーの缶詰を見つけて、買って食べてみた。今は缶切りで蓋を切る必要はなく、蓋に付いている抓《つまみ》を上に引くとパカッと開けることができる。すると中には、さいころぐらいの大きさの牛肉とニンジンがトロトロとしたルーの中に混じり合って入っているのが見えた。早速食べましょうと、炊飯器に残っていた飯を電子レンジで少し温め、それを大きめの平皿に盛り、その上からカレーをドロリドロリとたっぷり掛け、さらにその上から醤油をさっと回し掛けして食べた。我が輩、昔も今もカレーを食べるときにはなぜか醤油を少し掛けてから食べるのが好きなのである。

そして大匙《おおさじ》を持ち、そのライスカレーを先ず2、3度大まかに掻き混ぜてから、それを豪快に掬《すく》い取って口の中に入れて噛みはじめた。すると瞬時に、カレーのエキゾチックな情緒のある香りが鼻から抜けてきて、口の中ではすぐにニンジンがズルリと潰れ、次に小さな牛肉が歯に当ってホコホコと崩れていき、そこから肉の濃いうま味がジュルジュルと溶け出してきた。そして、口の中全体が香辛料の快い辛味で占められて行く中、今度は飯の上品な甘みと醤油の微《かす》かな風味などがそこに重なるものだから、食べながらも涎がピュルピュルと分泌してくるのであった。

それらをじっくりと味わいながら、昔の缶詰の味に懐かしい思いを巡らせていると、50年も前の格安の味覚極楽が蘇《よみがえ》ってきたようで、とても嬉しいひと時だった。ところで今、我が輩の手元には、牛肉大和煮、鯨の須の子、アンコウの肝、蒸しウニなどの昔懐かしい缶詰がある。これをいつ食べようかと嬉しく悩んでいる。

鯛焼き

タイ形・甘さ、個性楽しむ

辛党の我が輩だが、和菓子を茶請けにお茶を楽しむのも大好きで、つまり甘辛両党遣いなのである。その和菓子にもいろいろあるが、中でも大の好物は今川焼きやどら焼きのように、小麦粉と卵と砂糖を使った生地であん（餡）を包み、それを焼き上げたような菓子である。だからその親戚のようなあんぱんやきんつば、人形焼き、もなかも同じく大好きだ。

鯛焼きも、小さい時からよく食べてきたので、とても郷愁心の湧く焼き菓子である。福島県の小さな町の中にも、すでに昭和30年代には鯛焼き屋が出来て、小遣いをもらうとその店に全力疾走して買いに行き、あとはその1個をゆっくり、じっくりかじったり、クンクンと憧れの匂いを嗅いだり、時々ペロペロとなめたりしながら、とにかく時間をかけて味わったものである。

そんなノスタルジアが心の中に残っているので、今でも街を歩いて鯛焼き屋を見つけると、必ず買ってペロペロ、クンクン、ムシャムシャしている。だからこれまでずいぶんと鯛焼きを食べてきたが、店によって特徴や個性がさまざまに違うので、この辺りも食べる時の楽しみのひとつなのである。鯛の姿と大きさ、太っているか痩せているか、皮が厚いか薄いか、その皮はカリカリかしっとりか、焼き色の濃淡、あんの入り具合いと甘さの加減など、じっくりと観察してみるととても面白いのだ。発見もあった。よく見ると尾っぽに店の名前が焼き入れられていたり、尾だけでなく鰭《ひれ》の先端にまであんが詰まっているもの、笑い顔の鯛などあった。

先日、ある雑誌社の対談を終えての帰り途、よく行く鯛焼き屋に寄って10個ほど買って家に帰った。一人で全部食べるわけでなく、実は3歳になった孫娘が我が輩のDNAをしっかりと受け継いだのか、鯛焼きが大好きなので、その分も買って帰ったのである。

家に着くと、先ず茶を入れ、鯛焼き2個を書斎に持ち込んだ。一人のこの仕事部屋で、誰にも邪魔されず、じっくりと鯛焼きを味わうこの幸せよ。その鯛焼きの1個を手にとり、ガブリと頭の方から嚙ぶりつくと、瞬時に甘さを伴った香ばしい焼き香がこんがりと鼻孔から抜けてきた。そして嚙みはじめた口の中では、はじめパリッとした皮が次第にホクホクとした歯応えとなり、そこからたっぷりのあんがドロッヌルッと出てくる。そしてさらに嚙むと、口の中はだんだん甘くなり、その時に小豆のかすかに甘さを持った汗っぽいような素朴な匂いが鼻から抜けてきた。この甘く香ばしい極楽をしばらく味わい続け、口の中でトロトロとなった鯛さんをゴクリンコと呑み込んで、熱いお茶をグビリンコと飲んでふた口めをガブリンコと嚙ぶりついた。1個150円也の、かざりけのない至福である。

おこわ

懐かしい糯米の匂い

自宅から歩いて行けるデパートの地下食品売り場を、キョロキョロしながら見学歩きをしていたら、胃袋を締めつけるような美味しそうで、懐かしい匂いがしてきた。その匂いを嗅いだとたん、急に小さい時の思い出が蘇ってきたのは、蒸したもちごめ（糯米）の匂いだったからである。朝早く、酒蔵の方からこの匂いがやってきて、母屋で寝ていた我が輩の鼻の上を通り過ぎると、もうそれだけでパッチリと目を覚ますのであった。それはとても正確なもので、パブロフ博士の犬君の条件反射そのものであった。いやはや我が輩って、小さい時から異常な喰いしん坊だったんですなあ。

そこで早速、おこわ（御強）を買って帰ろうとその売り場の前に行ってみて、ちょっと戸惑ってしまった。我が輩の頭の中には、お赤飯ぐらいしか浮かんでいなかったのだが、幾種類もあるので迷ってしまったのだ。そこには、通常の小豆おこわ（赤飯）のほかに、山菜おこわ、栗おこわ、五目おこわなどがあって、どれも実に美味しそうなので目移りしてしまった。

それでは今日は彩りの良い五目おこわを食べてみましょうと、温かくホヤホヤしているものを300グラム量ってもらい、家に帰った。それを少し遅い昼食として食べたのであったが、久しぶりのおこわは、とてつもなく美味しかった。

先ず御飯茶碗に八分目ほど盛り、じっくりと観察した。もちごめの一粒一粒が、五目煮の醤油ダレで染まって明るい感じの黄蘗《きはだ》色。そこにニンジンの赤、ゴボウの淡褐色、筍《たけのこ》と油揚げの黄金《こがね》色、ワラビの緑、シイタケの黒褐色が混じっていてなかなかの彩りであった。

それをひと口食べた。噛んだ瞬間、こわめしからの微かな甘い香りと、醤油からの食欲を引き立てる匂いが鼻孔から抜けてきた。そして口の中では、こわめしのムッチリ、ネッチリとする歯応えの中から、もちごめ特有の洗練された甘みがチュルチュルと出てきて、また醤油の熟したうまじょっぱ味も微かに出てきて、さらに五目の具材からもそれぞれのうま味が湧き出してきて、絶妙の美味しさが交錯するのであった。中でも、小さな油揚げの切片はひときわ存在感を示していて、これを噛むと、歯と歯の間から濃いうま汁と油のコクとがジュルルと出てきて、もちごめの甘みと絶妙なバランスをとるのであった。

美味しかったので、後日そこの売り場の前を通ったときには山菜おこわを買って食べた。こちらもホクホクとしていて、またムッチリ、ネットリ感もあって、さらにワラビやゼンマイ、筍のシコシコ、コキコキとした歯応えもよろしく、大いに堪能することができた。次は栗入りにしよう、その次は正統のお赤飯に戻ろうなどと、あれこれ食指をなめながら楽しんでいる。

サンマめし

思い出の味、あふれる涙

福島県いわき市の隣町に生まれ育った我が輩は、秋のこの時期になると思い出しては涎が止まらない食べものがある。とても素朴だがめっぽう美味しい「サンマ（秋刀魚）めし」だ。毎朝のように小名浜港に揚げられた超新鮮なサンマは、その日の午後にはもう町の魚屋の店頭に氷漬けにして並べられた。それをあちこちの家々は、とにかく格安なので買って行き、さまざまな料理で食べたのである。

その食べ方には他所ではあまり聞かない料理も少なからずあった。例えばサンマの味噌漬けやサンマと大根の味噌汁、サンマのポウポウ焼き（サンマのハンバーグのようなもの）などである。これから述べる「サンマめし」も、あるいは珍しい炊き込みご飯の部類に入るのかもしれない。それを先日、つくって賞味した。

新鮮この上ない刺し身用のサンマを2尾用意し、頭を落とし、腹ワタを除き、よく腹の中まで洗ってから水気を拭きとり、半分に切る。米（カップ2）はよく洗ってから水に30分ほど漬け、水気を切って炊飯器に入れる。そこにみかんの搾り汁（市販のみかんジュースでよい）を2カップ、日本酒大さじ3、塩少々を加え、その上にサンマを並べ、水分量を確認してからあとは普通に炊く。炊き上がったら、少し蒸らしてからサンマを取り出し、骨を除いた身をご飯に戻し、よく混ぜ合わせて出来上りだ。みかんジュースの代りに梅干の漬け汁（梅酢）で炊く家もあった。

さて、こうしてつくったサンマめしをご飯茶碗に盛って食べた。飯の一粒一粒がみかんジュースの色となって、黄色に染まっている。その茶碗を左手に持ち、右手の箸で口の中にかっ込むようにして貪った。驚いたことに生臭みがほとんど無い。新鮮なサンマを用いたことと、みかんの酸味が生臭みを中和してくれたためであろう。その飯の一粒一粒にサンマのうま味とみかん果汁の酸味と甘みがほんのりとのっていて、そこに飯自体の優雅な甘みも加わって、昔味わったあの美味しかった炊き込みめしになっていた。

さらにサンマの身の方は、とてもやわらかで歯に当たると溶けるように崩れていき、そこからサンマの身特有の濃厚だけれども繊細なうま味と、脂肪からのコクとが湧き出してきて、頰っぺた落としの味がした。脇には沢庵漬の古くなったのを用意しておいたので、それをひと切れ口に入れてポリポリと噛むと、今度はその古漬けからの酸味と熟れた塩味とが口の中に広がっていき、口の中が急にさっぱりとなった。

小さい時、福島で食べた味を思い出し、しっかりと噛みしめて食べていたら、涙が止めどもなく流れ出てきて、それが頰っぺたから口に入ってきて、しょっぱい味になってしまった。

メンチカツかハムカツか

威風堂堂、青春の味

我が輩が学生の時代には、新宿駅西口近くの横丁や渋谷の百軒店裏あたりには格安の定食屋があって、そこで飯を食べることが多かった。鯨《ゲイ》カツや鯨竜田揚げ、ハムエッグ、焼き魚、煮魚、ホルモンや牛スジの煮込みなどの定食が主体であったが、その中に少し怪しげなメンチカツ定食というものがあり、これもよく食べた。

正しいメンチカツは、挽肉に微塵《みじん》切りした玉ネギを加えて小判形にまとめ、それにパン粉の衣をつけて油で揚げたもの。しかし、当時のメンチカツはそのような正統のものは少なく、鯨の赤肉か魚肉ソーセージ、あるいは風で飛んで行ってしまいそうな薄切りのハムにパン粉をつけて揚げたものまで、メンチカツ定食の中に含まれていた。その当時の味がとても懐かしいので、今も我が輩は時々、その亜流のメンチカツをつくっては楽しんでいる。

よくつくるのは、いつも冷蔵庫にあるハムでのカツだ。ロースハムでもショルダーハムでもボンレスハムでもよく、少し厚めに切ったハムに小麦粉、溶き卵、パン粉の順に衣をつけ、油でこんがりと揚げたものである。これではメンチカツではなく、ハムカツとなってしまうのであるが、まあその辺は昔の思い出のメンチカツということなので、お許しいただきたい。

しっかりと揚げて、全体がキツネ色よりやや濃いめとなったら油から引き上げる。それを、千切りのキャベツを沢山盛った大皿の上にデンとのせてよく見ると、眩しいほどに威風堂堂としている。そのカツに粉コショウを多めに振りかけ、さらにトンカツソースをかけて食べるのである。当時のメンチカツ定食には、カツのほかにワカメの味噌汁とタクアン漬け3切れが付いていたので、丼飯と共にそれらも付ける。

先ず味噌汁をスズーと啜《すす》ってから、飯をひと口食べ、次にハムカツをガブリとかじり、ムシャムシャと噛む。するとカツは、歯に応えて衣がサクリサクリとし、さらに噛んでいくと、衣がだんだんと崩れていって中のハムが歯に当たり出し、少しプリプリとした感覚の中からハムのうま味が出てくる。そこに揚げ油からの重厚なコクがペナペナと付き、ドロリとしたトンカツソースからの香辛料の香りと甘辛酸のエキゾチックな味が包み込むものだから、焦ってしまうほどのうま味となるのである。

その味を追っかけるようにして飯を食べると、今度はそれらのうま味に飯の甘みがまとわり付く。そしてそのうちに、口の中のものはトロトロペトペトにまで溶け合い、それをゴクリンコと顎下《がっか》に呑み下すのである。次いで味噌汁をグビリンコと飲み、タクアンをカリリンコとかじる。ここでフランク永井の「有楽町で逢いましょう」なんて流れてきたら、もう舌も胃袋も心も懐かしさに染まりこむ。

ロースハムのステーキ弁当

香ばしい匂い、思い出の味

ハムにもいろいろと種類があるので、店頭へ行くと目移りして困るが、やはり一番食べなれていて、そして脂肪がのって美味しいのはロースハムである。周りから中心部にかけて、ピンク色の正肉部をとり囲むように真っ白い脂肪層が入り込んでいるのを見ただけで、感受性鋭き我が輩などは、たちまち涎ピュルピュル、生唾《つば》ゴクリンコになってしまう。

どうしてそんなにロースハムに舌ったけになってしまったのかは、実は小さい時、このハムが薄く切られて油で焼かれ、それに醤油を滴《た》らしたものが弁当の飯の上に2、3枚のっていて、これがことのほかうまかったのでその時のことが逆トラウマのようになり、今でも憧れているのである。

我が輩が小さいころは、まだハムなどそう店頭に並んでいなかった時代なので、弁当に入れてもらったのは年に2、3回だけであったから、一層美味しさの思い出が残ったのであろう。

そのような過去の思い出が今にも続いていて、焼きロースハムでご飯を食べるのが大好きである。

先日、弁当を持って出かける必要のある会合があったので、久しぶりにこの「焼きハムのせ弁当」をつくった。

軽く油を敷いたフライパンに薄切りのロースハム（我が輩は、これを買うときには、できるだけ脂肪身の多いものを選ぶ）を5枚ほどのせ、それをやや強火でこんがりと焼いた。途中、粉コショウを多目に振り、全体が縮まって表面のあちこちに焦げ目が出てきたら、そこで醤油を上から廻し掛けし、さらに今少し焼いて醤油が焦げはじめたところで火を止め、弁当に盛った飯の上にかぶせるようにのせて出来上りである。

そして昼食の時間となったので、心躍らせてそれを食べた。弁当箱の蓋《ふた》を開けると、醤油で焼かれたハムの香ばしい匂いがそこから立ってきて、ハムをよく見ると幾分縮んだ状態だが、脂肪身の部分は半透明でブヨブヨとしていて、大いに食欲をそそるのであった。

それではいただきましょうと、いきなり焼きハム１枚とその下の飯を箸でむんずと取り、口に入れて噛んだ。

すると、焼かれたハムの香ばしい匂いと醤油の焦げた香りとが鼻から抜けてきて、口の中ではハムの正肉身が歯に応えてシコリポクリとし、脂肪身はトロリ、ペトリとなって、そこから濃厚なうま味とコクとがジュルリピュルリと湧き出てくるのであった。

そして、ハムのうま味に飯の甘みが重なり、そこに醤油のうま塩っぱみもじっとりと加わってくるので、これぞあの時の思い出の弁当の味だと感動し、あとは夢中で貪《むさぼ》って気付いてみると弁当箱には一粒の飯も残っていなかった。

懐かしの缶詰

忘れられないセピア色の味

実はこの味覚人飛行物体の我が輩は、缶詰マニア（愛好家）でもあるのだ。街で珍しかったり昔懐かしい缶詰を見つけると、買ってきて食べないで、大切に仕舞い込んでおくという蒐集癖なのである。古いものとなると20年も前の「鯨須の子」缶詰や「イカ丸煮」缶詰、「トド肉」「クマ肉」「牛肉大和煮」「タコ燻油漬」「イナゴ佃煮《つくだに》」「牛モツ煮」など、どれもセピア色っぽいものばかりである。

その中で「すき焼」の缶詰と「カレー」の缶詰がとても目を引いた。前者は薄く丸い形で、材料には牛肉、馬肉、筍《たけのこ》、焼き豆腐、糸蒟蒻《こんにゃく》とあり、後者のカレー缶は丸形の大型缶詰で内容はカレールウ、牛肉（腿肉）、ニンジン、ジャガイモと表示してあった。この二つは学生時代、アパートの一室で毎週のように食べていたので、とても懐かしく、その味にも忘れられない思い出が詰まっているので、突然食べてみたくなった。とうに消費あるいは賞味期限は切れているだろうけれども、缶詰なので大丈夫だろうと食べることにした。

先ず缶切りで「すき焼」の缶詰を開けてみた。しっかりと具は入っていて、醤油や砂糖などで煮付けた甘じょっぱい匂いも立ち上ってくる。これはいけるぞと、先ず糸コンニャクを箸でつまんでツルツルツルと吸い上げてみると、あっという間に口の中に収まり、煮汁に染まったそこからは、甘じょっぱさの中に肉からのうま味もしっかりと流れ出てきた。牛肉あるいは馬肉の小さな塊は、やや赤黒くなっていて、それを口に入れて噛むと、たしかに肉のうま味がジュルジュルと出てくる。筍はまだカリカリとしていて、焼き豆腐はグニャグニャだけども全てのエキスを吸っていて味は濃く、美味しかった。懐かしいなあ、思い出の味だなあなんて思いながら食べているうちに、あっという間に缶は底をさらけ出していた。

その翌日、昼にご飯を用意して、憧れのカレー缶でライスカレーを食べた。缶切りで上蓋を切り取り、それを熱めず（昔はいつもそうだった）に皿に盛った飯の上から1缶全部を掛けた。カレーの色は未だに鮮やかな黄色で、小さな牛肉は四角く、小さなニンジンは溶けかけたようにトロリとし、ジャガイモは溶けきってしまって見当たらない。スプーンでざっとかきまぜてから、ひと口頬張ってみた。

するととたんに我が輩は昔にタイムスリップしたような感覚に陥って、あの下宿部屋でのライスカレーの味を鮮明に思い出したのであった。ねっとりとしたルーはそう辛くもなく、筋のような肉片は噛むと歯と歯の隙間に挟まり、まっ黄色に染まったご飯からはカレーの辛みに包まれた微かな甘みが出てきて、鼻孔からは少し安っぽい香辛料の匂いが抜けてきて、とても懐かしいセピア色の味だった。

バター飯

日々進化、よりおいしく

我が輩が子供のころには、「貧乏飯」という呼び方の簡単飯があって、終戦直後の淡い思い出として残っている。飯に醤油を掛けて混ぜたものを「醤油飯」、味噌を塗り付けたものは「味噌飯」、ソースを掛けてかき混ぜたものを「ソース飯」、味噌汁をぶっ掛けたものは「汁掛け飯」などと言って、大いに食べられていたのである。

この「貧乏飯」の中に、「人造バタ飯」というのがあって、これは微かに西洋風の趣があるというので流行したことがあった。バターが無かった時代、人造バターと称されたのがマーガリンで、これを熱い飯の上にのせて溶かし、その上から醤油を掛けたものであった。飯の耽美な甘さとマーガリンの濃厚なコクが醤油のうま塩っぱさと一体となり、夢のような味がした。

子供のころの感激が忘れられず、今も貧乏飯をときどき食べているが、とりわけ好きだった「人造バタ飯」に思い出が深かったので、これをつくって食べることが一番多い。今はバターが手に入りやすいので「バター飯」にしているが、昔ながらの懐かしい美味しさが楽しめて、とても嬉しい食事である。

最もシンプルな「バター飯」は、炊き立ての熱いご飯を茶碗に盛り、そこにサイコロ状に切り分けたバターを幾つかのせ、少しかき混ぜるとバターはすっかりと溶けるので、その上から醬油を掛け、再びかき混ぜて食べるものである。これは、いつも飯を食べている日本人なら一度は食べてみたことがあるかも知れないが、いつ食べても心が洗われるほど美味しいものである。

そして最近我が輩は、このバター飯をどんどんと進化させて、「貧乏飯」どころか「大尽《だいじん》飯」をつくり、賞味している。つい最近食べたのは「めんたいこと海苔《のり》のバター飯」というもので、これは、つくり方があまりにも簡単過ぎる上に、美味しさこの上ないので、ぜひ食べてみて欲しい。

熱いご飯の上にバターをのせ、よく溶けたらかき混ぜ、その上から福岡博多の名物辛しめんたいこを好みの量のせ、さらにかき混ぜ、その上にもみ海苔をしていただくのである。

それを先ずひと口食べると、瞬時に鼻から西洋っぽいバターの香りと海苔の快香とが抜けてきて、口の中では真っ先にバターのコクが広がり、次にめんたいこのぬめっとしたうま塩っぱい中から、強いうま味と辛味とがトロトロと出てきて、それを噛んで行くと今度は、飯から優雅なうま味と耽美な甘みとが湧き出してくる。それをバターの濃厚でクリーミーなコクがぐっと押し上げてくるものだから堪《たま》りませぬ。ああ、うまいわ、辛いわ、コクがあるわ、もう堪らないわ、ということになって、ご飯茶碗に3杯ものバター飯は、あっという間に胃袋に素っ飛んで入って行ってしまう。

山かけとろろ飯

実家の味で残暑乗り切る

我が輩が小学生や中学生のころ、残暑の残る日の昼食は、とろろ飯が多かった。特に西日が長く差すその時期は、しつこい暑さが続いているので食欲も落ちる。そんな時に、食卓の上にとろろ飯を見つけると、とても嬉しかった。

ある時、福島の実家に電話をしてつくり方を聞いてみたことがある。そして、その通りにしてみると、それは昔の味とまったく同じで、とても美味しかったので、今でも時々残暑厳しい日には、そのとろろ飯をつくって賞味している。

先ず、長イモを買ってきて、通常通り皮をむいてから下ろし金で下ろす。そのとろろ２００グラムに対して80ミリリットルの出汁《だし》を加えて混ぜ合わせ、醤油大さじ１・５から

2を加えてさらによく混ぜ合わせて出来上りである。

昔からこのようなとろろ飯をやる時には、「むぎとろ」と言って米と大麦を合わせて炊いた麦めしを使うのであるが、我が輩の場合はいつも白飯でやっている。なぜ大麦を入れないかというと、実は我が輩のとろろ飯には、いまひとつの楽しみ方があるからで、それは、マグロの刺し身を使うためである。このところ、マグロの赤身の刺し身が大層安くなったので、とても気軽にできるから、夏の暑い日の週に2、3度はスタミナ付けと称してこれを食べている。このマグロのとろろ飯には、舌ざわりの点で麦とは合わないため、白飯にしているのである。

実は昨日もこれをつくって食べたのであったが、うまかったですなあ。

赤身のマグロの刺し身を買ってきて、醬油に30分ほど漬ける。ご飯茶碗に飯を六分目ほど盛り、その上にマグロをのせ、とろろ汁を掛けて食べたのである。先ず、一番上に掛けてあるとろろ汁をズズズズーと啜ると、瞬時に口の中にはなめらかなトロトロとした汁が広がり、鼻孔からは長イモ特有の少し青くさいようで、しかし微かに甘い香りを持った匂いが抜けてきた。そして、トロトロとした中から、長イモの甘みと出汁のうま味とが口いっぱいに広がっていった。

次に、ご飯茶碗を口に付け、箸でかっ込むようにして飯とマグロととろろ汁を口の中に啜り込んだ。すると全体がズルリヌラリとしながら、先ず歯にマグロが当たって噛み潰されると、そこからマグロ特有の濃厚なうま味と、醤油のうま塩っぱさとがジュルジュルジョルジョルと湧き出てきた。さらに噛んで行くと、今度は飯が歯に当たってこちらも潰れ、そこからは上品な甘みがチュルチュルと出てくる。それらのうま味に、とろろのぽってりとした甘みが加わり、全体をとろろ汁のヌラヌラとしたなめらかさが包み込むので、その美味しさは尋常ではなく、気がついてみたら、茶碗に3杯の山かけ飯は胃袋に素っ飛んで入って行ってしまった。

非常の時の食生活

飯の力、味噌汁の魔法

我が輩は、福島県いわき市の隣町に生まれた。小さい時から四倉で海水浴を楽しみ、小名浜や中之作の魚を食べて育った。とにかく磐城沖は、暖流と寒流のぶつかる地にも近く、とても魚介の種類が多く、そしてどれも美味であった。メヒカリ、アンコウ、ヤナギガレイ、ヒラメ、カツオ、サンマ、サバ、マイワシ、アイナメ等々が全て地のもので、日本というよりも世界に誇れる一大漁場であった。

その豊饒の地に大震災と大津波が襲ってきて、大変なことになっている。教え子の酒蔵や醤油蔵は津波にさらわれ、友人の魚撈会社や網元も壊滅した。何とも痛恨の極みだ。

そして今、福島県や宮城県、岩手県を中心に、住みなれた我が家を離れ、美しかった自然とも別れて避難生活を余儀なくされている人は10万人を超えている。心から御見舞いを申し上げるとともに、一日も早く元気を取り戻し、再び平穏な暮らしに戻れることを祈るばかりである。

そのためには、先ず「ここを生き抜く」という意識を強く持って、その先に希望と目標をしっかりと掲げて、毎日それを自分に言い聞かせて頑張ることである。そしてそのような心を湧き出させ、体力をつけるためには、何と言っても食生活が大切である。発酵学者として、食文化研究者としての立場から、以下に我が輩がこのような時の食事のアドバイスを述べるので参考にして欲しい。

とにかくこのような非常時、日本人を一番力づけるのは昔から食べてきた日本の食べものである。その理由は、この民族の遺伝子にも刷り込められてきているようなものであるからで、先ず第一は炊いた飯だ。これを丸く握ったむすびは「産霊」とも書き、万物を生み出す霊力ある食べもの、という意味なのである。これに梅干がよく合う。食欲増進、疲労回復、健胃、解熱、解毒、防腐、利尿、精神安定などに効果があるからである。

次にすすめたいのは大豆の加工品である。日本人は大昔から大豆で味噌や醤油をつくり、豆腐をつくり、そして納豆をつくって食べてきた。さらに豆腐から油揚げや厚揚げ、凍み豆腐、湯葉といったすばらしく滋養に富んだ食べものまでつくって、元気を出してきたのである。日本人の食卓の中心は米と大豆であったのだから、これを食べて十分に力を発揮したい。ほかに煮干や削り節、魚の干物、海藻、根茎（ゴボウや芋）、果物なども可能ならば摂取して欲しい。

何より、できる限り味噌や味噌汁を摂って欲しい。避難している人たちは即席味噌汁でもいい。さらに納豆やヨーグルトといった発酵食品も、なるべく食べるようにしたい。いずれ解るが、発酵食品はとても神秘な食べものであり、魔法のような食べものなのである。

第5章

熱きハフハフの極上食

焼きガキ

殻付き大粒、クリーミー

新鮮な魚介類は、手など加えず生で刺し身のようにして食べるのが当然とされている中で、甲殻類（エビやカニなど）や貝の類は焼いたり煮たり蒸したりすると、一段と味が濃くなるのは魔法のようで、面白いことである。例えば活ガニや活イセエビを刺し身で食べると、コリコリという歯応えの中から優雅なうま味と微《かす》かな甘みを賞味できる。ところがこれを煮たり焼いたりして熱をかけると、とたんに一大変化して、俄然甘くそして美味しくなる。だから我が輩は、カニやエビがいくら新鮮でも生では賞味せず、焼きガニや蒸しエビにしてから美味しくいただくことにしている。

貝類も同じことで、サザエやアワビは生で食べると歯応えはコリコリコキコキとして嬉しいが、壺焼きやステーキにすると一層味が濃くなり美味しくなる。中でもホタテなどは、刺し身もいいが、殻をそのまま使って焼き上げた美味しさは格別である。実は先日、この焼きホタテの熱々の上にレモンを搾り、さらにそこにバターの小片をのせて溶かしてから食べたところ、気が遠くなるほどの美味しさであった。口の中でホタテの身がホコホコと崩れて行く中から、特有の甘みと優雅なうま味が湧き出してきて、そこにレモンの微かな酸味とバターの濃厚なコクとが一体となって重なっていくものだから、ほっぺたが落ちそうになってしまった。

そして一昨日は、殻付きの生ガキ（牡蠣）を買ってきたので、今度はそれを焼きガキにして食べることにした。焼きガキには、できるだけ大粒のものを好むので、ＬＬを選んで買ってきた。そして貝むきを使って殻を開け、入っていた身をよく見ると、さすがにＬＬだけあって粒は大きく、全体が光沢のあるクリーム色でポッテリとしている。

そこでいつも使っている七輪を出してきて、炭火をおこしてそこに入れ、網渡しをのせ、殻付きのままでカキを焼きはじめた。殻の中の身は、次第にグツグツと沸騰してくると、だんだん周りの水分が蒸発して無くなり、殻の内側にべっ甲色の焦げめが付きはじめるころから、我が厨房「食魔亭」には、カキを焼く香ばしい匂いが漂いはじめたのであった。

　こうして、カキの身は完全に焼き上がり、箸でちょいと動かしてみるとコロコロとしだしたので、それを熱いままに口に入れてハフハフしながら噛んだ。すると瞬時に、カキから潮の匂いと身が焼かれた香ばしい匂いとが鼻孔から抜けてきて、さらに噛むと、ホコホコとしていた口の中のカキは唾液と混じってテレテレトロトロとなり、そこからカキ特有の濃厚なうま味とクリーミーなコクとがほとばしるように流れ出てきたのであった。こうしてうまい、うまいと大いに堪能し、気づいて見れば我が輩の脇には、縄文人の築いた貝塚のように殻が重なっていた。

フカヒレの缶詰

ドロリ重厚、歯応えの妙

縦長でやや大きめの缶詰。この中に我が輩の大好物が入っている。トロトロと煮込んで調味までしてあるフカヒレ（鱶鰭）のスープである。実は昨年、あるデパートの諸国物産展と銘打ったところで3缶ほど買ってきたもので、1缶はすでに胃袋に消えていたが、目の前には2缶が眩《まぶ》しく鎮座している。

フカヒレは、メジロザメやマブカザメ、アオザメ、ネコザメなどのサメ（鮫）のヒレ（背ビレ、胸ビレ、尾ビレ）を乾燥させたもので、昔から中国では「魚翅」（ユイチー）と呼び中華料理の高級材料として珍重されてきた。日本の三陸海岸（岩手県・宮城県）が古くからの主産地で、江戸時代、重要な交易品として中国に輸出していた記録もある。その主成分はゼラチンや、コラーゲン、コンドロイチンなどである。これらの成分にはうま味はわずかしかないが、膠《にかわ》状でトロトロとしているところが口当たりや喉越しに絶妙で、これに味をつけると美味しさに膨らみがでて絶品となる。

フカヒレの代表料理は、何と言ってもヒレを形のまま柔かく煮込んだものに、トロリの葛《くず》あんを掛けた「姿煮」であるが、缶詰に入っているのは、じっくりと煮込んだヒレをほぐし、そこに鶏卵をとじたもので、中国では「抱蛋魚翅」（パオタンユイチー）である。味ばかりでなく、線状にほぐれたヒレが歯にコリコリと当るのも妙で、あのコリコリは軟骨の両面に付いている筋糸である。

我が輩は、その缶詰を小さな鍋に空け、それに火を加えた熱々のトロトロスープをズーズズーとすすりながら、じっくりと味わうのが好きだが、実はもっとうまいのはそのスープを飯と煮込んで、いわゆる粥《かゆ》にしたものである。これを食べたくなったので、思いきってその2缶を使ってつくった。

鍋にフカヒレ缶を2缶空け、弱火で熱沸させたらすぐに適量の飯を入れてしばらく煮込む。飯がトロトロスープの中ですっかりふやけたら、ここで生卵を溶いて廻し掛けし、あとちょっと煮立ててから火を止める。最後におろしたショウガの搾り汁を加えて出来上りである。

その熱々のフカヒレ粥を中華碗に盛り、食べた。ちりれんげですくい取り、口に入れてハフハフしながら味わうと、その粥は口の中でトロリと拡がり、その中から飯の耽美な甘みとフカヒレのドロリとした重厚なコク、卵の上品なうま味などが一体となり、それをショウガのピリ辛が囃《はや》す。そのうちに、フカヒレの筋糸が歯に当ってコリコリとし、反対に飯はトロトロとするので、その対比の妙味も大いに楽しめたのである。よく美味しいものには別腹在り、と言うが、その時も正にその別腹のためか、気が付けば鍋の中の粥は跡形もなく消えていた。

イワシのフライ

刺し身用をキツネ色に

日本の天麩羅《てんぷら》と西欧のフライとではどう違うのだろうか。一般的に天麩羅は、魚介や野菜などに小麦粉をまぶし、それを油で揚げたもの、フライはその小麦粉の上にパン粉をまぶして油で揚げたもののようだ。しかし、パン粉を使わないフライもあるので、どうも区別が難しい。ただ、フライは舌ざわりがパリパリするところが日本の天麩羅と少し違うような気がする。

フライといえば代表的なのはエビフライやカキフライ、アジフライだが、あれはいつ食べてもうまいなあ、なんて考えて歩いていると、いつもの魚屋の前を通った。するとそこに「マイワシ刺身用」と書いてあって、見事なほどピカピカと光っていて、目も澄んでいるイワシ（鰯）が氷塊の上に並べられていた。「これだ!!」と思い、即座に5尾ばかり買ってフライにすることにした。

我が厨房「食魔亭」に持ち込んで、あらためて見てみると、さすがに刺し身用だけあって、光沢といい、色彩といい、匂いといい新鮮そのもので眩しかった。先ず頭を切り落としてから内臓もこそげ出す。それを何度も洗って腹の中の腸《わた》を残らず出し去り、あとは指を使って手開きにし、尾のつけ根を折ってから引っ張り出して下ごしらえは終了。あとは、小麦粉を卵で溶き、そこにイワシをドロリと付け、さらにそれにパン粉をまぶしてからたっぷりの油でキツネ色になるまで返し返し揚げて出来上りである。

その揚げ立てを白磁製の大きな皿に2枚のせ、繊切りしたキャベツを盛り合わせて食べた。先ず中央あたりに箸を入れて裂くと、その切れ目から小さな湯気がふわりと上った。透かさずそこに日本製のウースターソース（我が輩がつくるフライには、外国製のものは味と香りが強過ぎて合わない）をチョンチョンと滴らし、箸でとり口に入れて噛んだ。すると瞬時に、油で揚げられたパン粉の香ばしい匂いと、ウースターソースからの香辛料の香りが鼻孔から抜けてきた。

それを、熱いのでハフハフしながら噛むと、口の中ではサクサクとした衣の歯応えの中から、イワシの身がスルリといった感じで衣から抜け出てきて、そこからイワシ特有のしっとりじっとりとした重厚なうま味がジュルジュルと湧き出してくる。それを、衣からのペナペナとした油のコクが包み込み、さらにウースターソースの甘さと辛さと酸味とが囃し立てるので、もう降参降参といったほどの美味となるのであった。

よし、飯だと思って、炊きたてにしてあるご飯を茶碗に盛り、それと一緒に食べた。すると今度は、飯の耽美な甘さにイワシのフライの濃厚なうま味が重なり、そこにソースの香辛料が華麗に絡むものだから、たちまちにして味覚極楽の境地に到達してしまった。

魚介ラーメン

マグロにシジミ……味巡り

今、全国的に街のラーメンが人気を博している。正統派の醤油ラーメン、和風楽しむ味噌ラーメン、玄人好みの塩ラーメン、若者歓喜のトンコツラーメンなどさまざまあって、また、そのラーメンにのせる具（トッピング）によっても実に多種のラーメンがあるので、迷ってしまうほどである。

よく地方に旅をする我が輩も、ラーメンが大好きなので機会ある度にズズーズズーと麺をすすり、ゴクリンコ、グビリンコとスープを飲んでは満喫している。とりわけこのところ、ちょっと凝っているのが「御当地魚介ラーメン」といったジャンルである。つまり、その土地で漁《と》れる魚や貝、エビ、カニなどをラーメンの上にのせたり、またそれらの魚介類を使って出汁《だし》をとったりしてラーメンをつくり、客に提供するものである。

例えば沖縄県竹富島では、麺の上にクルマエビが10尾ものっていて腰を抜かしたことがあったり、青森県に行った時には、麺よりも魚介の具の方が多く、びっくり仰天した海鮮ラーメンにも出合った。

また、先日鹿児島県いちき串木野市に行った時、何とマグロの肉が麺の上に3枚ほどのっているラーメンを賞味した。この町は昔からマグロ漁が盛んであったことを生かして、このラーメンの出現になったようだが、今では町の中に何軒もマグロのラーメンを出す店が在るという。店によってのせるマグロは生だったり、焼いたりとさまざまであるが、マグロの頭と地元産の野菜をじっくりと煮込んでとったスープを使うのは共通しているという。確かにマグロのうま味とコクとがそのスープにはあって、なかなか美味しいラーメンだった。

湖の近くに行くと（例えば島根県の宍道湖や青森県の小川原湖）、よくシジミ（蜆）ラーメンがあるが、あれはとても強烈な貝のうま味とコクとが出ていてうまいですなあ。ある時、そのあまりの美味しさに頭がボーとなり、夢中で麺とスープをすすっていた時、うっかりしてシジミの殻まで呑み込んでしまい、慌てたことがあった。幸いその殻は小さかったので、事無きを得たが、この歳になってもまだこんな調子なのだから困ったものである。

ほかに長崎県島原市のワタリガニをのせたラーメンや、広島市で食べたカキ（牡蠣）ラーメンも印象に残るラーメンだった。

魚介類のラーメンが実に美味しいので、それでは自分もこの味に挑戦してみようと、鮭を発酵させて魚醬《ぎょしょう》をつくり、それをベースにしてラーメンをつくってみたところ、いやはやうまいのなんの。「さすが発酵仮面のラーメンですなあ」と、今や北海道石狩市（昔から鮭の一大水揚港）の名物になってしまった。やはり、日本人は魚でとったうま味が好きなんですねえ。

牛タンの塩焼き

七輪で香ばしく、焼酎と

　牛肉の中で一番美味しく、その上安価であるから一層嬉しくなる部位は、何と言っても舌（タン）であろう。日本には、肉質の良い黒毛和牛などがいるから、美味しい舌も結構手に入りやすく、これを堪能しないと損をする思いだ。とにかく牛舌が大好物なので、我が厨房「食魔亭」には割合多く出てくる料理である。

　得意は煮込み（シチュー）と塩焼きだが、選ぶ酒によってつくり分けている。一昨日は焼酎の肴《さかな》にしようと思い、塩焼きにした。用いる牛舌だが、今は血抜きを施したものが大半なので、それを一本買ってきて、先ずタワシを使ってよく擦《こす》るようにして水洗いした。次にたっぷりの熱湯で15分ほど茹《ゆ》で、表面の薄皮を包丁で削ぐようにして剝いでいく。

すっかり皮がとれたら、それを3～4ミリの厚さに切り分け、そこに塩と胡椒を振り込み、下拵えは完了である。その牛舌は、全体が霜降り状でピンクの色合いが妖しいほどだ。

さて牛舌の塩焼きの美味しい食べ方のコツは、塩と胡椒の使い方、そして焼き方にあるようだ。塩は天然粗塩《あら》がよく、胡椒は粒状のものを胡椒挽き（ミル）でガリガリと砕くのではなく、我が輩の場合は粉状になっているテーブル胡椒を使っている。粗挽きだと、牛舌を賞味しているとき、砕けた胡椒が口の中でザラザラして、せっかくの牛舌の滑らかな感覚を邪魔するように感じるからである。

そしていよいよ焼く。こういう焼き料理の時に備えて、木炭と七輪は常に用意してあるので、それで焼くのである。七輪の上に置いた金網が熱くなったので、そこに牛舌をのせて焙《あぶ》り始めると、炭火は次第にそれを焦がして盛んに煙を出した。そこで牛舌を裏返しにしてさらに焙ると、表面にはピツプツと音を立てて小さな突起が出始め、そこから胃袋を締めつけるほど食欲を誘う、あの焙り香が出てきた。

その焼き立てで、まだ牛舌の表面がピツプツと鳴いている熱熱にフーフーと息を吹きかけながら、ハフハフしてその日の第一枚目を食べた。熱いのを我慢して噛んで行くと、瞬時に肉の焼かれた香ばしい匂いが鼻孔から抜けてきて、口の中では歯と歯に潰されてコリコリとした中から、濃厚なうま味と微かな甘みとがジュルジュルと止めどもなく湧き出してきた。さらに、牛舌にちりばっていた脂肪も嚙まれるほどにトロトロと溶け出してきて、それが絶妙のコクとなり、それらを振り込んだ塩の塩っぱみと胡椒のピリ辛とが囃し立てるものだから、これぞ味覚極楽の極致かと、しばし恍惚感に浸ったのであった。いつも思うのだが、牛舌というのは焼酎には、寸分の透間もないほど相性の合う肴である。

夏の鶏鍋

汗拭き食べる爽快感

鍋物といえば、大概は冬の寒い日にその熱々を食べて美味しさを味わい、そして体を温めることが多い。ところが、暑い日が続き体の方も少々だれ気味の夏に、熱い鍋を食べて、滴る汗を拭き拭きしながら賞味するのも、壮快感があり乙なものである。

阿波の徳島に、地鶏を手広く生産している我が輩の昔からの友人丸本昌男さんが居て、先日も注文していた美味しい地鶏の下ろし身を送ってくれた。このところ好物の鶏鍋を食べていなかったので、待ちに待っていた地鶏肉である。その夜は早速、我が輩流鶏鍋をつくり、大いに堪能したが、いやはやうまかったですなあ。具に用意したのはその地鶏の骨付きぶつ切り肉と木綿豆腐、生椎茸、白菜、ネギ、生ワカメである。

先ず鶏肉を流水でさっと洗い、それをざるにあげて上から熱湯を廻し掛けて余分な脂肪やアクをとる。豆腐は一丁を八つ切りにし、生椎茸はさっと洗ってから直ぐに乾いた布で水気を去り、石突きを切りとって傘だけにしたものを二つに切り、生ワカメは3センチぐらいの長さに切り分け、ネギは斜切りに、白菜は4つぐらいに切ってから少し細目に縦切りする。付けダレは市販のポン酢、薬味はおろした大根に七色唐辛子を好みの量振り込んだものである。

大きめの鍋に鶏肉を入れて、水をたっぷりと注ぎ、煮立つまで強火で、あとは弱火にして30分ぐらい、アクを取り去りながら煮る。すっかりとアクが出なくなったら、いよいよそこに具を次々に加え、ポン酢醤油に薬味を入れて食べたのであった。

先ずはとにかく、その鍋の出来栄えを知るために、汁をスプーンでとって口に含んで味わってみた。するとたんに、口の中に濃厚なうま汁がビュビューと広がっていき、その味は口の内側を疼《うず》かせるほど強烈なものであった。この地鶏の肉や骨から湧き出てきた、底力のあるうま味の所為《せい》である。

そして、いよいよぶつ切りした鶏肉のひとつを箸でとり、それを薬味を入れた付けダレにくぐらせるようにしてから口に入れて噛んだ。歯でも熱さを感じられるほどのものだったので、ハフハフしながらじっくりと噛みしめていくと、肉身は意外にもやわらかく、骨離れもよく、はじめはホクリ、ポクリといった感覚の肉は、そのうちにトロリ、マットリとした歯応えに変わり、そこから地鶏特有の濃厚なうま味と上品でかすかな甘み、脂肪からのコクなどがトロトロ、ジュルジュルと湧き出してきて絶妙の美味しさであった。肉以外の具も、鶏の出汁《だし》にすっかりと染められて美味となり、またポン酢の酸味や大根の辛苦み、七色唐辛子の辛みも肉や具を囃し立てて、正に味覚極楽の境地を味わうことができたのであった。

第6章

超特急のぞみ号 胃袋にまっしぐら

俺流焼きそば

塩辛、キャベツで絶妙に

今は家で焼きそばを食べたい時は、街で焼きそば用ゆで麺とソースが1つの袋に入って売られているので重宝である。そのため、月に2、3度は自己流の焼きそばをつくり、大いに楽しんでいる。

実は3日ほど前に、我が家の近くに「もんじゃ焼き」と大きく書いた赤提灯をぶら下げている店があり、その前を通ると焼かれたソースの匂いが我が輩の鼻に誘いを掛けてきた。すると反射的に焼きそばが食べたくなってしまい、そのまま近くのスーパーマーケットに行って焼きそばの麺を買って家に帰った。

さあ、焼きそばをつくって思う存分食べるぞと、先ず我が厨房「食魔亭」の冷蔵庫の中から具になるものを出してきた。通常であれば、豚肉のコマ切れを使ったり、シーフードと称してエビや貝などを具にするが、今回は野趣感が楽しめ、しかも安価な具を使う俺流の料理でつくることにしたのである。

先ずつくったのは「塩辛焼きそば」だ。深めのフライパンにサラダ油を引き、斜《はす》切りしたネギを入れて炒める。次に、そこに焼きそば用のゆで麵（2人分）を入れて炒め、全体に油がなじみ、麵がふかふかしてきたら、大匙2杯の塩辛を加えてよくかき混ぜ、さらに多目に粉コショウを振り掛け、最後に塩で好みの味加減にして出来上りだ。使う塩辛は、我が輩はいつもアミ（醬蝦）を使っているが、カツオやマグロの酒盗でも、とても美味しく出来上る。

その出来立ての、ホッカホカの焼きそばを食べた。口に入れた瞬間、塩辛のうま味が口全体に拡がり、それを嚙むと、ややシコシコとする麵から美味しさを伴った微《かす》かな甘みが湧き出してきて、それが塩辛のうまじょっぱさと重なり合って、さらにシャキリンコ、ホコリンコとした歯応えのネギからトロリとした甘みも溶け出してきて、絶妙であった。食べている間、アミの塩辛の何ともいえぬエスニックな匂いが鼻孔から抜けてきて、これがまた一層食欲を奮い立たせてくれるので、あっという間に焼きそばは超特急のぞみ号になって胃袋にすっ飛んで入って行ってしまった。

また「キャベツ焼きそば」も安価で素朴で美味しいのでつくった。繊切りした多目のキャベツをフライパンで炒め、麺を加えてさらに油で炒め、その上から焼きそばに付いていた調味ソースをかけてよく混ぜ合わせる。これを大き目の平皿にとり、その上に削ったカツオ節を多目に撒いて出来上りである。

これを食べると、口の中では麺とキャベツから湧き出てきた優雅な感じの甘みと、ソースからのパンチの効いた香辛料の香味、さらにカツオ節からの濃厚なうま味などがひとつに融合し、頬っぺたを押さえないと本当に落ちてしまうのではないかと心配しながら賞味した。

カンピョウ巻き

潮の香、うま味とじ込め

のり（海苔）とご飯が好きなので、これが一体となったのり巻きはもっと大好きである。のり巻きと言っても太巻きずしや細巻き、軍艦巻きなどがあり、その細巻きにも中に入れる具によってカンピョウ、ワサビ、アナゴ、タクアン、キュウリ、マグロ、ガリ、赤貝ひもなどがあるので、とても幅広く楽しめる。

そのため、我が厨房「食魔亭」でもしばしばのり巻きをつくるのだが、一番の人気は素朴なカンピョウ巻きである。我が輩のように鮨職人でない者が言うのはおこがましいが、美味しいカンピョウ巻きは、酢飯のつくり方とカンピョウの煮方、のりの選択が決め手だと思う。

酢飯は、米3カップを基準に、よくといでから平ざるに移して一旦水切りしておき、炊くときに切り目を入れた15センチぐらいのダシ昆布を入れて、少し硬めに炊き上げ、熱いうちに鮨桶に移す。別に酢2分の1カップ、砂糖小さじ1、塩大さじ1、日本酒大さじ1、味醂《みりん》大さじ1の割合で混ぜ、鍋で一度煮立ててからさましておく。この合わせ酢を、手につけて振り掛けるようにして鮨桶の飯に加え、木のしゃもじで縦に切るようにして混ぜる。合わせ酢は2〜3回に分けて振りかけていくのがコツで、この時、団扇であおぎながらやると、飯につやが出てきれいに立つようになる。

次にカンピョウだが、干しカンピョウを戻して煮上げるのは時間がかかる上にとても難しい。だから煮カンピョウはデパートで買ってくるか、行きつけの鮨屋に頼んでおくのがいい。のりはその鮨屋に紹介してもらったものを使うのだが、巻く直前に炭火の上を縦にしてさっと通すように焼くことが大切。こうすると、巻きずしにしてからも香りが高く、飯にべたっと付かないので、パリッとした感じで味わえる。

巻簀《まきす》の上にのりを1枚おき、1本分の酢飯をのせ、飯粒をつぶさないように広げていく。カンピョウを飯の中央に横たえ、巻簀を力を入れてくるくると巻いて、手前の方でぐっと締めて出来上りだ。そのカンピョウ巻きを4つ切りして、出来栄えいかがとその1

つを口に入れて噛んだ。するとまず、のりが歯に当って軽くシコリとした感覚の中から、甘酸っぱい飯の匂いが鼻孔に抜けてきた。さらに噛んでいくと、のりとのりの間から酢飯がスルリと抜け出てきて、またカンピョウがシコリ、トロリと歯に当って、そこから飯の耽美な甘みと酢の食欲を増す酸味、カンピョウの甘じょっぱさなどが、淑《しと》やかに絡み合いながらチュルチュルと出てくる。そこにのりの潮の匂いを伴ったうま味も融合して、どうにも止まらなくなり、お味見の箸がもはや1本分が胃袋に消えて行った。

玉ネギ

バター焼きで甘み満喫

我が輩が、日頃からその教育理念と方針に敬意を表しているのが、神戸に本部を持つ「師友塾《しゆうじゆく》」である。農業を体験させたり、のびのびとスポーツをさせたりしながら、学ぶ喜びなどを実践している。

その師友塾の農場が兵庫県洲本《すもと》市に在り、そこから先日、生徒さんたちが栽培した玉ネギを段ボール箱にいっぱい詰めて送ってくれた。

さすがに土づくりから農業を教えているので、玉ネギの1個1個はズシリと重く、そして全ての玉ネギが、土と水と太陽の申し子のように眩《まぶ》しく輝き、また生徒さんたちの心が宿っているように見えた。

そこで早速、その玉ネギを使って料理をした。皮をむいた玉ネギを縦割りにしてからほぐすように離していき、鍋にバターを溶かしてそこに入れ、十分に炒り上げる。玉ネギは次第にぐったりとしてくるから、そこに塩を加えて味を好みにつけ、その熱々のものを大皿に盛り、上から胡椒を多目に振り込んで出来上りである。とても単純な料理だが、玉ネギの真味を味わうには格好の方法である。

それを食べた。口に含んで噛むと、玉ネギの身はトロリサクリとした感じで歯に応え、それをどんどん噛んで行くと、トロトロとなって、そこからとても上品な甘みが口の中に溢れてくるのであった。玉ネギとはこんなに甘いものかと、この喰いしん坊の我が輩さえ、驚くほどのものだった。

また、その玉ネギの甘さは塩のしょっぱ味と胡椒のピリ辛にもよく合って、大皿に盛った玉ネギのバター焼きは、あっという間に胃袋めがけて超特急のぞみ号になってしまった。

さて、玉ネギというと、やはりオムレツだ。翌日はその玉ネギで「たっぷり玉ネギのオムレツ」をつくった。

オムレツと言っても我が輩流で、先ず玉ネギ1個の皮をむいてから縦切りにし、それを今度は横切りして微塵に切り刻む。フライパンにその玉ネギと合挽き肉50グラムぐらいをバターで炒め、塩、胡椒で味を整えて具とする。鶏卵2個を溶きほぐし、それを油の引いたフライパンで卵焼きをつくり、具をのせてから、半身をクルッと被せるようにして出来上り。

この巨大オムレツを大皿にとり、上から胡椒を多めに振り、醬油を垂らし、炊きたての熱いご飯で食べた。

オムレツをごっそりと箸でとって口の中に入れて噛むと、玉ネギの優雅な甘みと肉と卵の濃いうま味とがとてもよく合い、追いかけるようにして熱い飯も食べると、今度は飯からの上品な甘みが加わり、そこに醬油のうま塩っぱ味と胡椒のピリ辛とが加わり、口の中は熱さと辛さと甘さとうまさで、またもや収拾のつかない程の美味の混乱になってしまった。

エビとトマトジュースのスープ

冷感美味、飯に掛けても

だんだんと暑い日が続いてくると、スカッとパンチの効いた辛味があって、それを飲むと力が湧き出てきて、その上、美味しいスープを啜《すす》りたくなる。そんな時には、「エビとトマトジュースのぶっ掛け兼用スープ」が最適だ。ちょっと長いスープ名だが、我が厨房「食魔亭」の名物料理の一品である。

材料とつくり方はいたって簡単。トマトジュース、むき身の生エビ（パックされたものが売っている）、鶏卵、カリカリのグリーンピース（ビールのおつまみの袋に入っているスナック豆）、それに調味料としてダシ汁と豆板辣醬（トウバンラージャン）、塩である。先ず、鍋にトマトジュース4缶を入れ、そこにダシ汁2カップを加え、沸とうしてきたらエビ（好みの量）を加え、それに塩と豆板辣醬を適宜の量加えて味を調え、溶いた鶏卵（1個）を流し込んで均一になるようよく混ぜ、それを冷やして出来上りだ。

その冷えたスープを真っ白いスープ用カップに入れ、上にカリカリグリーンピースを数粒のせて、いよいよいただく。先ずそれをじっくりと見ると、その色彩の何と美しいことか。トマトジュースの赤、卵の黄、グリーンピースの深緑、それに器の真っ白が目に冴えて眩しいほどだ。それを散蓮華《ちりれんげ》（中華匙）でたっぷりとすくいとり、口に啜り込む。すると瞬時に体全体が冷やっとし、そして口の中にトマトジュースの濃厚なうま味と甘み、酸味などが広がり、そこにエビの上品な甘みやダシ汁のうま味も加わって、最初のひと啜りで、これは暑い日のスープに最適だなあ、ということが分かるのである。

ふた啜り目には、エビの身もごっそりととって口に入れて嚙みながらじっくり味わってみる。歯にエビの身がコリコリと当って、そこから優雅な甘みと上品なうま味がチュルチュルと湧き出してきて、そこにトマトジュースの甘みと軽い酸味とうま味、卵のコク、ダシ汁からの格調高いうま味などが加わって、さらにそれを豆板辣醬の辛味がしっかりと囃《はや》すものだからたまらない。もう夢中で啜り込み、カップはたちまちのうちに底を見せるのである。

さてこのスープは、冷たい飯にぶっ掛けても、また茹《ゆ》でて冷やしたうどんや素麺に掛けても、これからの時期にとても似合う冷感美味が味わえる。先日も暑い日だったので、炊いた飯を冷まし、そこにその冷たいスープを上から多めにぶっ掛け、それを啜るようにして食べたのであったが、スープからのさまざまなうま味に飯の上品な甘みが加わってくるので絶妙で、この時もあっという間に飯はスープもろとも胃袋に素っ飛んで入って行ってしまった。そして食べた後の涼しさは、体の隅々まで行き渡り、とたんに馬力が掛かったような気分になった。

俺流山かけ丼

夏の定番スタミナ食

暑い日が続いて、どうも食欲が落ちたなあなんて思うときに、食欲を俄然奮い立たせてくれるのは、長芋を擂《す》りおろした「とろろ」であろう。あの真っ白くトロトロしている姿を見ただけで、我が輩などはもう涎《よだれ》がどんどんと分泌し続けて、止めることも難しいほどになる。

そして、どうせとろろを飯《めし》にかけて食べるなら、ついでに夏バテを防ぐために精をつけてやろうと、そのとろろにマグロのぶつ切りを入れて「山かけ」にしたり、生卵を落として青のりを撒《ま》く「月見とろろ」にしたりするのも嬉しいものである。今は1年中、長芋が売られているのでいつでも食べられるから、とろろ好きにはありがたい。

我が輩は、無類と言ってよいほどのとろろ好きであるので、1年中にわたってよく食べるが、夏も結構多く賞味し、昨日も俺流山かけを堪能した次第だ。先ず長芋の皮をむき、それを下ろし金で下ろしてとろろをつくっておく。別に、納豆を俎板《まないた》の上にのせ、それを包丁でよく叩いてひき割にする。さらにデパートで買ってきた、今が旬のスルメイカの刺し身の冊《さく》を糸づくりにする。次に、おろしておいたとろろにそのひき割納豆とイカの刺し身を加え、よくかき混ぜてから銘銘の小鉢にとり分けて出来上りだ。

それに醤油をかけ、よく混ぜてからズルズルズルとすすって口に入れた。瞬時に鼻から納豆の自己主張の強い匂いや、かすかに甘くそして青っぽいとろろの匂いが抜けてきて、口の中ではとろろと納豆のヌルヌル、テレテレとした中でコリコリのイカの刺し身が右往左往している状態である。そして、イカが何とか歯と歯で潰《つぶ》されると、そこから実に上品なうま味と甘みとがチュルルと溶け出てくる。それを納豆の濃厚なうま味ととろろの上品な甘みとが滑らかに包んでくれるものだからたまらない。もう口の中では収拾がつかないほどの美味の混乱が生じ、それも我慢ならず、もう抑えきれず、ゴクリンコンと顎下《がっか》に呑み下すのである。

そのイカの山かけ納豆を、丼に盛った飯の上に被せるようにしてぶっかけ、それをざっとかき混ぜてすすり込みながら食べた。すると口の中は、新たな飯の参入によってさらに味覚極楽の混乱が拡大し、あっという間に今度はその丼飯も胃袋めがけて素っ飛んで入って行ってしまった。

長芋を下ろしたとろろに、刻んだキムチとひと口大のマグロの赤身の刺し身を加えたものも誠に食欲が出て、それを丼飯にぶっかけると、これまたあっという間に胃袋に吸い込まれてしまう。とにかく俺流山かけ丼は、スタミナ食として厨房「食魔亭」の夏の定番なのである。

冷や汁

箸が止まらず丼3杯

小さい時、夏の暑い日の昼めしの時は、よく冷や汁を食べたものである。一番簡単なものは、すり鉢で擂《す》った味噌を丼に入れ、そこにイワシの煮干（頭と腸と骨を去ったもの）を擂って粉にしたものを加え、さらに薄く切ったキュウリと千切りした青ジソを入れ、冷たい井戸水で溶きのばしたものである。汗をかいた後であり、暑さも厳しかったので、その冷や汁を冷や飯に掛けて食べると、とても美味しくて、何杯でも食べられたことを今でも覚えている。

そんな昔の味が忘れられず、夏になると今でも時々冷や汁を賞味しているが、今は昔と違ってかなり料理の腕も上ったので、本格的で美味しい冷や汁を楽しんでいる。実は2カ月ほど前に、広島県の友人から真鯛の浜焼きをいただいたので、その鯛のほぐし身の一部を冷や汁用に使おうと、冷凍保存しておいたのである。それを使って冷や汁をつくったのだが、いやはやそれは絶妙無比の美味しい味となった。

先ずすり鉢に白ゴマを大サジ5杯入れてよく擂りつぶす。そこに解凍した浜焼き鯛（読者の皆さんがおつくりになる時は、カマスやアジの開きを焼き、そのほぐし身を使うのも美味）を70グラムほど加え、また味噌も大サジ4杯ほど加えてよく擂り混ぜる。そこにキュウリ1本分の薄切り、青ジソの葉7枚の繊《せん》切り、ミョウガ3個の繊切りを加え、さらに手でぐじゃぐじゃにつぶした絹ごし豆腐半丁を加え、最後に出汁《だし》3カップ半加えてよくかき混ぜて、冷蔵庫で1時間ほど冷やして出来上りだ。これで大体5人分ぐらいである。

次に、丼にご飯（これは冷蔵庫で冷やさない）を半分ぐらい盛り、そこにこの冷や汁をたっぷりと掛けて食べるのである。温かい飯に冷や汁を掛ける人もいるが、それは好みでよい。

その丼を持って、いよいよ食べた。先ず、いきなり箸で口の中にかっ込むようにして食べると、瞬時に鼻から香ばしいゴマの匂いと、キュウリとミョウガと青ジソからの涼しい芳香、味噌からの熟した醸《か》ぐわしき香りなどがいっぺんに抜けてきた。そして噛んで行くに従い、口の中には、うま塩っぱい味噌の濃いうま味と鯛の身からの上品なうま味と甘み、豆腐からのコク、ご飯からの優雅な甘みなどがピュルル、ジュルル、チュルル、ジュワワと湧き出してきて、それらのうま味がそのうちに融合して、さらに全体をひとつにしたような大きな美味しさが口の中に充満してくるのであった。

こうなったらもう止まりませぬ。丼だというのに、それから2杯もお代わりして、気が付いたら軽く盛った丼3杯分を平らげていた。夏はどうしても食欲が落ちるといわれる中、冷や汁は舌に馬力をかけてくれるのだから凄い食べものだ。

ちりめん山椒

ご飯もサラダもいくらでも

「ちりめんざこ」あるいは「ちりめんじゃこ」（縮緬雑魚）は、イワシ類の稚魚を茹でて乾かしたもの。煮て干すと、絹織物の一種である皺《しわ》を立たせた縮緬に似ているのでこのような呼び方をするのだろう。

大概は、体長3センチ以下のカタクチイワシやマイワシの稚魚を干したもの（シラス干し）で、タンパク質に富み、無機質も多含している上に、美味しいので昔から大いに食べられてきた。生乾きのものは、そのまま大根おろしをかけて食べたり、野菜サラダに撒いたりして賞味するが、干して乾燥し保存食としても使われている。

そのちりめんざこを醤油で煮上げる際、京都あたりでは、山椒を加えるので、「ちりめん山椒」などと呼んでいる。先日、京都へ行った時、土産屋にこれが売っていたので買ってきて、嬉しく賞味している。

一番当たり前の食べ方は、茶碗に盛ったご飯の上に、振り掛けのようにパラパラと撒いていただくのであるから、先ずそれで食べた。やわらかいご飯と共に少し歯応えのあるちりめんざこを噛むと、ご飯はホクホクとして、ちりめんざこははじめシコシコしてから次第にフワフワとなる。すると、ご飯からは優雅でやさしさのある甘みがチュルチュルと湧き出してきて、ちりめんざこからは濃厚なうま味と甘じょっぱさが溶け出してきて、そこに、歯に潰された山椒の実の甲高い感じのピリ辛さが参入してきて、誠に素朴な美味を大いに味わえた。

翌日の夜は、家で晩酌を一杯飲《や》った後、ご飯はそのちりめん山椒の湯漬けで食べた。熱いご飯を茶碗に七分目ほど盛り、そこにやや多めにちりめん山椒をのせ、上から熱沸しているほど熱い白湯を廻し掛けし、それをざくっとひと混ぜしてから啜り込んだのである。

熱いのでフーフーと息を吹きながら口に啜り入れると、甘みを持ってふやけた飯粒と、濃いうま味を持って崩れかけてきたちりめんざことが口の中で融合し、それを山椒のピリ辛が囃し立てる。こうして啜り込んでいる間にも、鼻孔からは山椒の快香が抜けてきて、ああいいわよ、いいわよってな状態になって、それをゴクリンコと顎下《がっか》に呑み下す快感を味わえた。

その次の日の朝は、我が輩得意のサラダにちりめん山椒を使った。長芋の皮をむいて小さく乱切りし、それをボウルに入れてからキュウリとレタスを切って入れ、そこにちりめん山椒をパラパラと撒き、最後にサラダドレッシングで和《あ》えたものである。長芋のヌラヌラとちりめん山椒のサクサクとした歯応えが妙で、また、ちりめんざこのうま味がドレッシングの酢と実によく合って、いくらでも美味しく食べられた。このサラダはとても健康的でもあるので、時々嬉しく食べている。

第7章

季節を丸ごとガブリンヨ

あっさり湯漬け

新春にほっと一息

年の瀬から正月三が日あたりにかけては、鍋だ、蕎麦だ、餅だ、御節《おせち》料理だ、なんだかんだと、とにかくさまざまなものを食べてきたので、たまにはほっとする食事が欲しくなる。

そうなると、ご飯好きのこの味覚人飛行物体の我が輩が、決まって食べるのがあっさり仕立ての湯漬けである。

茶漬けあるいは湯漬けといえば、その定番は鮭、海苔《のり》、塩昆布、菜漬け、佃煮《つくだに》あたりで、さらに好みによっては焼き鯛や天麩羅、鰻（蒲焼《かばや》きでも白焼きでもうまい）、納豆、鮓《すし》などがある。どれも食欲が出て、これに山葵《わさび》や芥子《からし》などの薬味を添えると、一層舌に馬力がかかるものである。

しかし我が輩は、飯のうま味をしっかりと残しての湯漬けを好むので、具はあっさりとしたものを使うことが多い。よく食べるのは根菜などを味噌に長く漬け込んでおいた古漬けを使ったもので、これは素朴な風味、飯の微《かす》かな甘さと味噌漬けのうま塩っぱさの対比などが味わえて、とても嬉しいものである。

昨日昼に楽しんだのは、味噌漬け用の甕《かめ》の下の方から掘り出してきたミョウガの味噌漬けで、これを微塵《みじん》に切りきざみ、飯の上にのせてから、そこに熱沸している白湯《さゆ》をぶっ掛けたものであったが、これがまた頭の中が真っ白になるほど（ちょっと大袈裟かなぁ）の美味しさであった。

飯の微かな甘みと上品なうま味が、ミョウガの味噌漬けの熟したうま塩っぱみと融合して、なんだか侘寂《わびさび》の情緒を伴った、日本の古典的な美味しさみたいなものを感じたのであった。

しかし、何と言ってもこの正月に食べた中で、最も感激したのは豆餅の湯漬けであった。小さい時から豆餅が大好きな我が輩なので、いつも豆餅を常備している程なのだが、今回初めてつくって食べてみた我が輩オリジナルのその湯漬けには、心洗われるほどのものがあった。

切った豆餅をこんがりと焼いて、表面全体をキツネ色に焼き上げ、それを丼に軽く盛った飯の上にのせ、塩をパラパラと撒いてから白湯を掛け、しばらく置いてから食べたのである。

いやはやうまかったですなあ。飯をサラサラと啜《すす》り、豆餅も食べると、箸と歯の間でスーッと伸びた餅はプツンと切れて口の中に入ってくる。それはポテポテとしていてとても柔らかく、その餅からは微かな甘みがチュルチュルと湧き出てくるのであった。

そして、豆餅の焼けめから、香ばしい匂いも鼻から抜けてきて、さらに豆も餅からコロコロと出てきて、それを噛むと今度は口中に大豆のうま味が拡がってきて、妙な豆餅の湯漬けを味わったのであった。

春の握り鮨

旬をひと口でパクリ

なじみにしている鮨屋に、このところ多忙で足が遠のいていたが、やっと時間ができたので行ってきた。この鮨屋を気に入っている理由は、我が輩の好みを存分に知っていること、いつもネタを季節や旬に合わせて仕込んでいること、主人の人柄が大変よろしいこと、いつ行っても新鮮な魚介を用意していること、そして何と言ってもおあしが手ごろなことである。

その鮨屋に行く道すがら、今日は何を握ってもらおうかと、あれこれ頭を巡らせていたので、鮨屋に着いてカウンターの椅子に座るやいなや、いきなり握ってもらうことにした。普通は、ネタを肴《さかな》に一杯飲《や》ってから握ってもらうのだが、その日は無性に握りずしが食べたかったので、そのようにさせていただいたのである。そして、その時に注文したネタの心は、歩きながら考えてきた「春の旬を握ってもらう」である。

そこでまずシラウオを頼んだ。すると待ってましたとばかりに、酢飯の上にシラウオを3匹のせた握りが目の前に出された。そのシラウオは、名前のとおり白く、透き通るような色で、黒い小さな瞳が愛らしく、全体が光っていて妖しいほどである。それをひと口でパクリと口に入れ噛むと、コリコリという歯応えの中から、わずかに潮の香を含んだ上品な甘みと優雅なうま味がトロトロと流れ出てきて、それが酢飯の甘酢っぱさと融合して、大層美味であった。

次にアイナメ（鮎魚女）を注文した。この魚は、この時期になると真っ白い身に脂肪を持つのでとてもコクがあって美味である。出された握りを見ると、身の白さの眩《まぶ》しさと光沢の妖しさは神秘的で、「鮎魚女」の名の由来さえ感じさせてくれた。チョンと山葵《わさび》醤油につけて、ひと口でパクリと口に入れ噛んだ。何よりも新鮮なのでシコシコとした歯応えがして、そこからは微かな甘みと脂肪からのコクとがピュルピュルと湧き出してきて、これも酢飯の甘酢っぱさに実によく合い、絶妙であった。

次はキンメダイだ。この魚は夏にも旬が来るといわれているが、2月から3月のものは脂肪がのり、とてもうまい。目の前に出されたその握りを見て、我が輩はその美しさに一瞬息をのんだ。刺し身の皮の方の部分は、地肌の赤白がとても美しく、さらに感動したのは、身の薄桃色の艶やかさである。それにチョンと醤油をつけて食べたところ、身にはかなりの脂肪がのっていたと見え、濃厚にして上品なうま味とコクが、とても重厚に溶けて出てきて妙であった。

以後はマダイ、サヨリ、ツブガイ、アオヤギを注文し、春の旬魚を十分に堪能したのであったが、こうして季節を意識して鮨ネタを選ぶと、全ての握りがとても美味しかった。やはり旬は大切な日本の文化だなあと、あらためて思った次第だ。

シーフード散らし鮨

春ならではの色と味

　春の雰囲気満帆の食べものといえば、散らし鮨もそのひとつであろう。色彩といい、使う材料といい、とても艶やかで華やか、食べる人の心を和らげてくれる。中でも春は、菜の花や山菜の新芽、桜鯛、赤貝など華麗な色と野生の香り、春ならではのやさしい味などの食材が多いので、この種の鮨をつくるのも楽しみのひとつなのである。

　我が厨房「食魔亭」でよくつくるのが、春の真鯛と菜の花、桜の花などでの「花の散らし鮨」である。実は先週の土曜日にもつくって賞味したが、この季節に合ってそれはそれは大層美味であった。すし飯は、炊きたてのご飯を大きめの木鉢に移し、そこに飯５００グラム当たり酢を大さじ３、砂糖大さじ１・５、塩小さじ１・５振り込んで箆《へら》で切り込むようにしながらよく混ぜ合わせる。真鯛は、今は活〆《じ》めという表示の付いた冊取《さくど》りした身が売られているので、それを買ってきて適宜の大きさにそぎ切りし、塩を少々振っておく。菜の花は、さっと塩ゆでしてから氷水にとって色を鮮やかにし、水気を去って切り分けるが、穂先は残し、茎の方は細かく刻む。赤い色が欲しいので、桜の花の塩漬けを買ってきて、その少しを水に漬けて塩抜きし、水気を去る。活〆めの真鯛でなくとも、冊取りしてあるものならそれでもよい。

すし飯に、菜の花の穂と茎を刻んだものを加えてやわらかく混ぜ込み、それを大きめで平たい器に盛り込み、その上に真鯛の切り身を平げてのせ、さらに桜の花を全体にちりばめて出来上りである。

何とその散らし鮨の美しいことか。飯の純白の上に、緑鮮やかな菜の花とその蕾《つぼみ》の黄色、縁《へり》が桜色を帯び身の方は一枚一枚が透明に近い真鯛の切り身、上品な紅色の桜の花。春ならではの天然美色である。

それをいよいよ取り皿に小分けして食べた。先ず匂いを嗅ぐと、すし飯の酢からの甘ずっぱそうな匂いが飯の甘ったるい耽美な香りと共に鼻孔をくすぐる。それを箸でザクッと採り、口に入れて噛んだ。すると先ず、真鯛の切り身が歯に応えてコリコリ、シコシコとし、そこから優雅なうま味とコク、微かな甘みとがチュルチュルと湧き出してきた。さらに菜の花の穂や茎が歯に当ると、こちらはホコホコ、ポクポクとした歯応えがあって、その崩れた中から緑色の匂いを伴った絶妙の甘みがジュルジュルと湧き出てきた。

そしてすし飯からは、噛んで行くに従って飯の上品な甘みが出てきて、それを酢の爽やかな酸味が包み込むものだから、食べながらもどんどんと食欲は躍起してきて、またもやどうにも抑えられないほどになってしまった。余しておいた真鯛の切り身を使い、そこに桜の花を浮かせたお吸いものも甚だ結構であった。

夏のスズキ

眩しいばかり妖しき白身

　江戸前の魚、すなわち東京湾の魚の中で、夏に最も似合うものといえば、それは眩しいほどの白身を持つスズキ（鱸）であろう。先日、行きつけの鮨屋の暖簾《のれん》をちょいとぐってみると、主人がちょうどスズキを捌き終えたところだという。得意げに見せてくれたので、これが江戸前の夏のスズキの食べ頃かと、じっくりと観察させてもらった。

　先ずその身の美しいこと。透きとおるような白金色で、真珠のような輝きを放ち、しかしよく見ると、その白金色の背後には、ほんのわずかに気品ある淡いピンク色が配してある。妖しき白い肌だ。そして、背身の方の白金色が、今度は腹側の砂摩《すなず》りと言われる薄い身の方に来ると、一層白い色が強く輝いてきて、眩しいほどである。これぞ人智には、到底再現が不可能な天然美色の神秘さかと、息をのんだ次第である。

その冊取りした身の端の方を、許しを得て指先でさわってみると（勿論、十分に手を洗って水気を拭きとった人差し指）、そこはしっとりとしていて、指に力を加えて押してみると、むっちりとしたやさしい弾力があった。これは素晴らしいスズキだと嬉しくなり、早速それを料理してもらった。

先ず出してくれたのは、氷塊の上にのせた薄造り気味の刺し身である。小皿に醤油をとり、おろし立ての山葵《わさび》を少し溶かし、背側の方の身を1枚、チョンとつけて食べた。それをしっかりと味わうようにしてゆっくりと噛み出すと、その身は歯に当たってコリコリ、シコシコとし、さらに噛んで行くとそのうちにトロトロとなって、誠にもって優雅なうま味と微かな甘みとがチュルチュルと湧き出してきた。それを山葵のツン辛と醤油の熟したうま塩っぱさが囃《はや》し立てるので、もはや1枚の刺し身を口にしただけで、もう口の中では美味の混乱が始まった。

我が輩が、その刺し身を堪能していると、主人は小さな器に皮のポン酢和《あ》えを出してくれた。聞いてみると、ウロコを去った皮を繊《せん》切りして、さっと湯びきしたものを、カツオ節の出汁《だし》をベースにしたポン酢をつくり、それに和えたものだという。その上には、ショウガとキュウリの千切りものせてあった。

そのクルクルと丸くちぢんだ皮を口に入れて噛むと、今度は身より歯応えのあるコリコリシコシコ感が在って、それが、そのうちに溶けてトロトロになって、ポン酢の酸味と融合して、いかにもゼラチン質とコラーゲン質の底力だなあ、と思うほどのコクを味わうことができた。スズキの湯びき皮が、こんなにポン酢と合うとは思っていなかったので、大層勉強になった。

夏のスズキの江戸料理の中に、素麺《そうめん》を使った「鱸麺」というのもあったりするから、やはりスズキは夏に似合う魚なのだろうと思った。

夏の握り鮨

旬の魚介で暑気払い

我が輩は巡り来る季節の最盛になると、必ず一度は行きつけの鮨屋に行って旬の魚介を握ってもらっている。その鮨屋の暖簾をくぐって入ると、先ずは主人の前に座り、やおら「夏を握ってくんな」なんて、気分を出して言う。すると主人は、いつもの季節のことゆえに心得たもので、ニッコリと会釈して、夏の旬を握ってくれるのである。

今年の夏も、先日行って夏の鮨をじっくりと堪能してきた。先ず握ってくれたのは、我が輩の大好物のコハダであった。幼魚のシンコの時期は過ぎていて、その握りは若魚のコハダの丸づけ1匹であったが、これが大層な美味であった。チョンと醤油を付けてから口に放り込んで噛むと、先ずコハダの身が歯に応えてシコシコとし、そこから甘酸っぱい酢味とコハダからの上品なうま味、酢飯からの優雅な甘みなどがジュルジュルと出てきて、とても夏に似合うさっぱりとした握りであった。

次に出してくれたのが、マアジであった。酢で締めてから握ってくれる鮨屋もあるが、この店は新鮮そのものを生のままで握ってくれる。その鮨にもチョンと醬油をつけ、口いっぱいに頰張って嚙みはじめた。するとマアジの身は、ややコリコリとした感じがあって、さらに嚙んで行くと身はだんだんと崩れていってペトペトになり、そこから誠にもって美味しい味が蕩《とろ》け出てきて、身にしっかりとのっていた脂肪も溶けてきて、それがペナとした感じのコクとなって絶妙であった。そこに飯からの優雅な甘みと、薬味のショウガからの少しの辛みも加わって、やはり夏の握りの王様はマアジかな、なんて思ってしまうほどであった。

そして次はウニの軍艦巻きであった。軍艦の上には、やや色が濃く、光沢もあり、しっとりとしたウニが、今にも軍艦を押し潰しそうになるぐらい盛られている。それをコロリと一貫、口に入れて食べた。ひと嚙みするとトロリとしたウニは口中にべっとりじんわりと広がって行くのがわかり、そこからウニ特有の濃厚な甘さとうま味とが溶けて出てきて、それが酢飯の爽やかな酸味と甘みと一体となって、さらに嚙んでいる間中、鼻孔からはウニからの潮の匂いと海苔の磯の香りなどが抜けてきて、これまた夏にとても似合う鮨であった。

こうして次は、マコガレイとスズキという夏を代表する白身魚の握りが出された。透き通るような乳白色の刺し身が酢飯に握られていて、醬油を少し付けて食べると、コリコリ、シコシコとした身から優雅で絶佳な甘みと上品なうま味とがチュルチュルと湧き出してくる。それが今度は、酢飯からの甘みと酸味と融合して、頰落舌踊《ほおらくぜつよう》の思いがしたのであった。あとはアカ貝、クルマエビなどであったが、どれも暑気払いには格好の鮨ばかりで、大いに英気を養って帰ってきた。

秋の握り鮨

旬の美味味わい尽くす

行きつけの握り鮨屋は何軒かあって、それを我が輩は頭の中でランク付けしている。勿論どこの店も「ねた」と「しゃり」は申し分ないが、雰囲気や店主の性格、値段などで色分けしているのである。それらの店々に行く日は、その日の我が輩の気分によって、あるいは懐具合によって決めている。このように書くと、いつも鮨屋に行っているように思われるが、いくら大好物の鮨といっても月に2度ぐらいになるので、店によっては年に1回顔を出すかどうかというところもある。

さて、先日は最も気楽に行ける鮨屋に行って、季節の握り鮨を味わってきた。気分を出して「秋を握ってくんな」と言うと、「へい」と主人。あとは何も言わず、さっと握って出してくれたのが、意外にもハゼであった。何と美しいことか。新鮮な身は光沢があり、白の中にほんのりと薄くピンク色を帯びていた。その握りにチョンと醤油を付けて食べた。すると口の中では、ハゼのコリコリとした歯応えの身から、上品なうま味とかすかな甘みとがチュルチュルと湧き出してきて、それが酢飯の甘酢っぱさと一体となって、なかなかのものであった。

次は光りもののコハダ（小鰭）である。シンコ（幼魚）の季節は終わったが、江戸人が最も好んだ「ねた」だ。酢で〆《しめ》たコハダの握りをパクリと口に入れて噛むと、身は歯に応えてシコリコキリとし、さっぱりとしたうま味が酸味とともに流れ出てきて、そこに酢飯の甘さが加わるものだから、これも大層美味であった。

次はサケ（鮭）。綺麗なピンク色の身は光沢があって眩しい程で、醤油をつけて頬張った。さすがに天然の鮭だと分かるのは、生臭みなど全くなく、身がしっかりとしている点である。せっかくだからと天然の塩をもらい、それを少々振って食べた。すると身からは、誠にもって上品なうま味と甘みとがジュルジュルと湧き出してきて、またまた酢飯の甘酢っぱさが加わって、鼻から山葵のツンツンとした辛みも快く襲いかけてきて、ああ、うまいなあと独りごとを言ってしまった。

そしてホタテだ。こちらも光沢があり、幾分ピンク色を帯びた白い肌が妙に肉感的で、それを食べると身が舌に当ってペロロンとして、優雅な甘みがチュルチュルと出てきた。特に山葵の乗りは甚だよろしく、ツンツンと鼻を攻め、舌を辛く襲ってくるので、妙であった。

この日の主人はなかなかやるわいと思ったのは、握ってくれたのが本当に秋の旬ものばかりだったことである。サンマが出てきて芝エビに移り、仕上げは酢でメた秋サバだった。身が厚く、砂摩《すなず》りの腹側の白銀色が我が輩をしきりに誘惑している。それもガブリ。その濃厚なうまさと脂肪からのコクには、さすがの我が輩も降参降参だった。

秋丼

今ならではのナスとサバ

秋になると、「秋丼」が食べたくなるので時々つくって食べる。そのひとつは「ナスと豚肉の味噌炒め丼」で、これがとても美味なので、一度つくって賞味してはいかがか。ナスは輪切りにして油で炒め、しんなりしたらば、そこに薄く切った豚の三枚肉を加え、さらにだし汁をひたひたとなるぐらい加えてひと煮し、それを味噌と砂糖で味付けし、ナスがやわらかくなったら水溶きした片栗粉でとろみを付け、七色唐辛子を振り込んで具の出来上り。丼に炊き立ての飯を7分目ほど盛り、具をドロリと全面に掛けて完成。3日前もこれをつくって食べた。

その丼を左手に、箸を右手に持ち、それをざっとかき混ぜてからガツガツと食べた。口の中に一度に、それも急に入ってきたものだから、舌も歯も最初は驚いた様子であったが、直ぐにナスは歯に当たってズルリ、トロリとなり、豚肉はコリコリからネチリネチョリとなり、飯はホクホクからネチャネチャに変化して行った。そして、ナスからはかすかな甘みとわずかなうま味が、豚三枚肉からは濃厚なうま汁と脂肪からのコクが、飯からは耽美な甘みと優雅なうま味とが、それぞれチュルチュル、ジュルジュル、ペナペナ、トロトロと湧き出してきた。

それらの美味しさに、今度は味噌の濃醇なうまじょっぱ味と炒め油のコクとがからみ合い、さらにそれを七味唐辛子のピリ辛が囃すものだからたまらない。もう我を忘れてガツンガツン、ングング、ゴクリンコ、ゴクリンコと無我夢中で食べ、ついに丼は底をさらけ出してペロリンコしてしまった。

昨日は別の「秋丼」をつくって食べた。そのうまさに、正直言って1日経った今でさえ、頭の中にまだその極楽の味の余韻が消えないのである。2枚におろしたサバ（鯖）の1枚を4等分に切り、水気を拭きとってから片栗粉を薄くまぶす。それをサラダ油でこんがりと揚げ、油を切って揚げサバの出来上り。次に、鍋にだし汁を少し入れ、そこに味《み》醂《りん》、日本酒、醤油を加えて甘じょっぱい煮汁をつくり、そこに揚げサバを入れて弱火でぐつぐつと煮、最後は蒲焼きのように煮含めて仕上げる。

それを丼に入れた炊き立ての飯の上にタレと共にのせ「揚げサバの蒲焼き丼」の完成だ。先ず匂いを嗅ぐと、揚げサバの香ばしい匂いに蒲焼き特有の重厚な甘じょっぱい匂い、飯の耽美な匂いが鼻孔から抜けてきた。

そして、揚げサバの蒲焼きと飯を箸でとってパクリと食べた。すると一瞬にして口の中に甘じょっぱいタレの味が広がり、噛みはじめるとサバの濃いうま味と脂肪からのコク、飯の上品な甘み、タレの濃厚な甘みとうまじょっぱ味などがジュルジュル、チュルチュル、ピュルピュルと湧き出してきて、もう失神寸前のうまさであった。

すき焼きうどん

寒さ吹き飛ぶ美味の競演

寒い日の夜の食事は鍋料理に限る。いつも大概は魚を材料にした「たらちり」や「あんこう鍋」「かき鍋」「鮭の石狩鍋」「金目ダイちり鍋」などであるが、肉の鍋も時々楽しんでいて、「牛しゃぶ鍋」や「豚白菜鍋」「鶏モツ鍋」なども嬉しいのなんの。

しかし、肉鍋となると、何と言っても日本人憧れの鍋は「すき焼き」であろう。甘じょっぱい割り下の中で牛肉と共に野菜や焼き豆腐、糸コンニャクなどをグツグツと煮て、その熱々のものにフーフーと息をかけて食べたり、溶いた生卵のドロリとした中に牛肉をピタピタと付けて頬張る美味しさは格別である。

さて今回は、そのすき焼きを鍋にして食べるのではなく、出来上ったすき焼きを大好物のうどんの上にのせて食べるという、我が輩流食べ方絶調の麺である。一昨日の夕方も、これをつくって食べたが、いやはや美味でしたなあ。

つくり方はいたって簡単。小鍋にダシ汁、醤油、酒、砂糖を適宜の量加えてすき焼き用煮汁をつくり、白菜、ネギ、焼き豆腐、糸コンニャクを入れ、グツグツと煮て、汁が少なくなってきたら牛肉薄切りを3～4枚ぐらいのせて、しばらく煮込んで火を止める。買ってきた茹《ゆ》でてある玉うどんを熱湯の中にくぐらせ、湯をよく切ってから丼の中に入れ、その上から熱い麺つゆを被せ、さらにそこにすき焼きをど～んとのせて出来上り。これを啜るようにして食べると、体は芯から温かくなって風邪などぶっ飛んでしまう。

そしていよいよ「すき焼きうどん」を食べた。先ず例によって丼を両手で掲げるようにして持ち上げ、口先を尖らせて汁をズーッと啜った。すると汁は、口の中に入って行くが早いか、濃厚なうまじょっぱ味と軽い甘み、脂肪からのコクなどが広がって行き、その美味の総合力は、我が輩の口の内側を疼かせるほどの力を持っていた。

そこで先ずうどんを2、3本箸で持ち上げてツルツルツルと啜った。すると熱いうどんはとても滑りがよく口の中に勢いよく入ってきたので、じっくりと噛んでみると、表面の肌はすき焼きの濃いうまみに染められていて、そこから肉やダシ汁のうま味がトロトロと出てきて、麺からの淡い甘みもチュルチュルと湧き出してきて、とても美味しいうどんとなっていた。

次に牛肉を1枚箸でとって、それを口に入れてムシャムシャと噛んだところ、さすがは憧れの肉だ。噛んで行くうちに牛肉から濃厚なうま味と、脂肪からのペナペナとしたコク味がジュルジュルピュルピュルと溶けて出てきて、正に美味の絶頂感が味わえた。こうしてあとは麺をツルツル、肉をムシャムシャ、野菜や焼き豆腐をホクホクと食べて、すっかり快い汗をかいた冬の夜食であった。

ビスケット

思い出の味、熱い牛乳と

ビスケットは、小麦粉に砂糖や牛乳、油脂又はバターなどをまぜて焼いた洋菓子である。西欧では昔から家庭で焼かれて菓子として嗜好食にあてられていたが、その後、軍隊の携帯行糧《けいたいこうりょう》として発達した。面白いことに、日本では日清戦争の時、陸軍が出征する兵士に乾飯《ほしいい》に砂糖を加えてつくったビスケットのような菓子を携行させたという。

さて、ビスケットには我が輩も子供の頃の思い出がある。祖母が、海苔や茶の空き缶にさまざまなビスケットを入れておき、我が輩が用事や使いを終えると、その缶から幾片かのビスケットをとり出して「ハイご苦労さん」と言って渡してくれるのであった。大半は丸型で表面に幾つも穴のような刻みが入っていたものだったが、今でも印象に残っているのは英字ビスケットである。AとかBとかTといったアルファベット文字でできているもので、それを幾つも集めては、ローマ字で「○○NOBAKAYARO」とか「△△NODERESUKE」という文字をつくり、我が輩をいじめた奴への腹いせにそれをバリバリと食いつぶしてやった。

また、動物ビスケットというものもあり、あれもとても楽しいものであった。熊とかライオン、キリンといった動物の形で、表面には白や桃色、黄色、緑色などに染めた糖が塗り固められていた。それをサクッと食べると、鼻から果物風の香料がプッと抜けて出て、なかなか洒落《しゃれ》たものであった。象だけのビスケットをまとめて3個食べた時などは、3頭の象をひと口で嚙みくだいているような爽快な気分にもなれた。

そんなビスケットの思い出がふと頭をよぎり、休日に幼稚園に通う孫（女の子）を連れてデパートに行き、ビスケットを買ってきた。孫は子供用のかわいいビスケット、我が輩は大人用のしっかりとしたビスケットを手にして家に戻ると、先ず牛乳を熱くしてホットミルクをつくった。実は我が輩、小さい時にビスケットを祖母からもらう時は必ず熱い牛乳付きであったのが今でも頭から離れず、ビスケットを食べる時には必ずホットミルクを脇に置く習慣が付いているのである。

買ってきたビスケットを一枚手に持って、先ず匂いを嗅ぐと、甘い香料とバターやミルクの芳香が鼻孔から抜けてきた。それを口に入れてやわらかく嚙むと、サクリ、サクリとしながら崩れていき、それが唾液の水分と一緒になってヌメッとしたクリーム状になると、そこからやさしい甘みと小麦特有のコクとがチュルピル、チュルピルと滲《にじ》み出てくるのであった。その時に透かさずホットミルクを飲むと、今度はヌメッとしたビスケットは牛乳に溶けてサラサラしながら口中に拡散し、そのコクのある懐かしい風味は体も心も大いに癒やしてくれるのであった。

第8章

大脳　味覚受容器が振り切れるうまさ

ベーコン

キムチと卵で自慢丼

ベーコンは、豚のばら肉を塩漬けし、それを燻製《くんせい》にした保存食である。ハムとつくり方は大体同じだが、ハムはもも肉を主に使うのに対し、ベーコンは脇腹のばら肉を使うので、脂肪分がとても多い点が異なる。最近の日本人は朝はパンにサラダ、コーヒーといった洋風の食事が多くなったので、ベーコンの消費量も増えているということだ。

家庭では、フライパンで炒めたり、目玉焼きに添えたり、レストランやホテルではホタテに巻いて焼いたり、アスパラガスと炒めたりして使われている。

我が輩も、ベーコンをさまざまな方法で試してきたが、とても気に入った料理を幾つか考えついたので披露しておこう。まずはベーコンのお茶漬けだ。ベーコンをフライパンでカリカリに炒め、適宜の大きさに刻む。鍋にだし汁を張り、塩を好みの量加えて味をととのえ、ご飯を丼に6分目ほど盛り、その上に刻んだベーコンを撒き、それに熱々のだし汁をぶっ掛け、おろしたワサビを薬味に添えて出来上りだ。霰《あられ》餅を思わせるカリカリのベーコンの、濃いうま味とコクが塩味と合い、またそこに飯の耽美な甘みが重なるので実によろしく、それをワサビのツンツンが囃《はや》し立てるので絶妙である。

また、好みの大きさに切ったキャベツとベーコンをバターでよく炒め、塩とコショウで味をつけ、碗に移してから、熱々のだし汁を掛けたスープの美味しいこと。バターの濃厚なコクにベーコンの濃いうま味が合い、そこにキャベツの甘みが重なるのでなかなかのものである。

しかし、何と言っても自慢のできる食べ方は「キムチベーコンの卵丼」である。これは実に簡単な上、最大級のうまさがあるので、是非つくって楽しむとよろしい。先ずキムチを適宜の大きさに切り、ベーコンも刻んで混ぜ合わせる。次に、小さな鍋に少しの油を引き、そこでキムチベーコンを炒めるようにしてからぐつぐつと煮込み、頃合いを見て溶いた鶏卵を廻し掛けしてとじ、あとひと煮して火を止める。別に丼に熱い飯を7分目ほど盛り、その上にキムチベーコンの卵とじをのせて出来上りである。キムチの赤とベーコンの光沢、卵の白と黄。このコントラストが実に美しい。

そして、その丼を左手に持ち、右手に持った箸で口の中にかっ込んで食べ出した。すると、先ずキムチのピリ辛と酸味が口中に広がり、ベーコンは歯にシコシコと当たってそこから濃いうま味とコクとがチュルチュルと湧き出してきて、それを卵の淡いうま味が包み込み、さらに全体を飯の上品な甘みが取り囲むものだからたまらない。今回もまた、どうにも収拾のつきにくいほどのうま味の混乱が口の中で起こってしまい、我が輩の大脳味覚受容器の針は最大値を示したのであった。

「あか牛」のステーキ

肉のうま味、口中に

このところ、牛肉というと「あか牛」の味の魅力にひきつけられている。多くの人が黒毛和牛を賞味している中、勿論我が輩もそうであったが、3年ほど前に熊本県に行ってあか牛のステーキを食べた時、「これは俺に合っている味だなあ」と思い、その風味に魅了されてからは、時々取り寄せて嬉しく涎《よだれ》ピュルピュルしている。

「あか牛」は名前のとおり、夕陽を思わせる赤褐色の美しい色の和牛で、熊本県の特産。和牛四品種のうちのひとつで褐毛和種である。この牛の肉の何が我が輩を魅了しているかというと、何と言っても肉質である。淡い紅色の肉が目に鮮やかで、よく見ると黒毛和牛に比べて脂肪分が少なく、とてもヘルシーな感じがする。60才を過ぎたころから、脂肪の多い牛肉はもうそろそろ卒業かな、と思うようになってからの出合いなので、今はとても重宝している。

熊本県阿蘇郡産山《うぶやま》村にある生産者に直接注文しているのだが、それが昨日届いたので早速ステーキにして食べた。送ってもらったのはサーロインで、適度に脂肪がのっている。焼く直前に塩とコショウを振り、先ず強火でさっと焼き、裏返して今度は火を弱めてじっくりと焼いた。あらかじめ温めておいた真っ白の平皿に移し、脇に炊き立てのご飯を置いていよいよ胸をときめかして食べた。

先ずナイフで肉の中央部を切ると、外側は焼き色だけれども、中は妖しいほどの桃紅色のレア状態。そこにちょいと醬油を滴らし（我が輩はステーキを醬油で食べるのが大好き）、さては最初のひと口。少し厚めに切り分けたステーキをぎっつと嚙むと、そこからジュルルとうま汁が湧き出してきて、さらに嚙むとジュルルジュルルと続けて出てきて、口の中はそのうま汁で溢れんばかりとなった。鼻孔からは、焼かれた肉から食欲をそそる野生的な香ばしさと、かすかなコショウと醬油の匂いが抜けてきて、その香味の全体が、肉の真味とはこれだ、と教えてくれるほどのものであった。

どうしてこんなに味が濃いのにさっぱりした味なのかを知りたくて、ネットで調べてみてわかった。それは、牛の本来の食べものである牧草やそれを発酵したサイレージをたっぷり食べているからで、和牛本来の赤身のうまさがギュッと肉に詰まっているからだ。道理で、年を重ねた我が輩でも、肉のうま味の真髄を感づくことができた筈だ。

次に、二切れ目の肉片に醤油をちょんと滴らし、それを炊きたての真っ白いご飯の上にのせて食べた。噛むと、やわらかい肉からまたまたジュルルジュルルとうま汁が出てきて、それがご飯の耽美な甘みと融合し、それを醤油のうまじょっぱさが介在するので絶妙で、もはや我が輩の大脳味覚受容体の容量は満杯に達したのであった。

うどん2品

カレーのとろみ、絶品サバ天

時々、無性にうどん（饂飩）を食べたくなる時がある。それも、街を歩いている時などに突然その欲望が襲ってくるので、近くにうどん屋が無いと困る。そういう時には、何でも食べさせてくれるいわゆる「なんでも食堂」に駆け込むことにしている。店に入って品書きを見ると、丼ものが来て、次にそばやうどんの麺類が来て、後ろの方にカレーライスなんて書いてある。

麺類は、そば、うどんとも共通で天麩羅《てんぷら》とか卵とじ、タヌキ、キツネ、オカメなどと書いてあるので、先日は「肉カレーうどん」というのを頼んでみた。久しぶりにカレーうどんを食べたのであったが、それはとても美味でしたなあ。丼の中に、豚肉の細切れの入ったドロリとしたカレーがあって、その下にうどんがあり、薬味には刻んだ分葱《わけぎ》が少し撒いてあった。

匂いを嗅ぐと、カレーの食欲を奮い立たせる香辛料の匂いが鼻を撫でてきて、もうその時点で胸キュンキュンとなってしまった。先ず、カレーで黄色に染まったうどんを啜《すす》り込むと、麺がツルツルと口の中に入ってきて、それを噛むと、腰のあるうどん特有のシコシコ感やモチモチ感が歯に応えてきた。そして、そのうどんから、甘みがチュルチュルと出てきて、さらにその麺にまとわり付いていたカレーの濃厚なうま味と辛香料の辛みとが口中に広がって行った。

次に、豚肉の数片をカレーと共に散蓮華《ちりれんげ》でとり、口に入れて噛んだ。すると脂肪の辺りは舌に当たってピロロンとし、押しの強いコクがトロトロと流れ出てきて、さらにシコシコとした正肉身の方からは濃いうま味がジュルジュルと湧き出してきて、実に美味しい肉カレーうどんであった。

ところで、最近会った知人の食通が「秋はエビ天うどんよりもサバ天うどんの方が遥かにうまいよ」と言うのである。つまり、エビの天麩羅をうどんの上にのせるよりも、サバ（鯖）の天麩羅の方がうまいというのだ。喰いしん坊の我が輩、それを聞き逃す筈はなく、秋サバの切り身を買ってきて、常法により天麩羅をつくった。麺は市販されている腰の強い茹《ゆ》で麺を使い、汁も市販の麺汁を使って、とにかく丼の中に熱々のうどんと汁を入れ、その上にサバの天麩羅をのせ、刻んだネギを薬味に撒き、七色唐辛子を振り込んで食べた。

いやはや、これはとんでもないほど美味でしたなあ。サバ天から、サバの脂肪と揚げ油とが抜けてきて、汁全体を深みのあるコクで覆い、そのサバ天を噛むと、そこから秋サバ特有の濃厚なうま味がジュルジュルと出てきて、それをうどんの上品な甘みが包み込み、さらにそれを麺汁の出汁《だし》味や七色唐辛子のピリ辛などが囃し立てるものだから、さすがの我が輩の大脳味覚受容体も完璧に降参の体であった。

牛肉の味噌漬け

弁当箱にひそむ美味

近江国（今の滋賀県）彦根藩主の井伊家が、将軍徳川家への献上品として近江牛の味噌漬けを送っていたことは有名な話である。当時は、冷蔵庫のように美味しいままで保蔵できる便利なものなど無かったので、味噌漬けや佃煮《つくだに》が最善の方法であった。とりわけ味噌漬けは、ただ保存ができるばかりでなく、漬け込んでいる間にどんどんとうま味が増してくるので、重宝なのである。

また、味噌に漬けると、肉や魚のうま味の主体であるイノシン酸が、味噌（大豆）のうま味であるアミノ酸のグルタミン酸と一体となって、「味の相乗作用」という嬉しい現象が起こり、うま味の強さは倍加するのであるから、これすなわち味噌の底力というものである。

そこで我が輩も、時々牛肉の味噌漬けをつくり、弁当のおかずなどに重宝している。別段難しいものではなく、牛肉を市販の田舎味噌に3日ほど漬けるだけである。大概は白味噌系のやや甘口のものを使い、中には白味噌に米麴を加えて甘みを増させた漬け床もあるが、我が輩は仙台味噌のような赤系のものを好んでいる。先生、3日も漬け込んだらしょっぱくなり過ぎませんこと？　と心配する人もいましょうが、弁当の飯のおかずにするには、これが一番合うので大丈夫。

漬け込む牛肉は、安くて美味しい腿《もも》肉を少し厚めにして使っている。腿肉は焼くと硬くなるが、味噌に漬けてから焼くとかえってやわらかくなるのでとても助かる。こうして3日ほど漬け込んだ牛肉は、表面の味噌をぬぐい去ってから両面をこんがりと焼き、弁当箱に盛った熱い飯と飯の間に埋めて終了。この弁当を自宅から我が輩の事務所に持参して行き、昼食時に食べるのである。

弁当の蓋を取ると、牛肉はすぐには見えない。そこで飯と飯の間から箸で引っ張り出してみると、まだとてもやわらかい。その牛肉を端の方からガブリとひとかじり。そしてムシャムシャと嚙んでいくと、先ず鼻孔から肉の焼かれた香ばしい匂いと、味噌の熟れた醸《か》ぐわしき匂いとが抜けてくる。

そして口の中には、噛むに従ってますますやわらかくなっていった牛肉から、とても味の濃いうま汁がジュルジュルと出てきて、そこに味噌のうまじょっぱ味もピュルピュルと湧き出してきて、さらに肉に付いていた脂肪からのコクもトロトロと流れ出してくるのである。

それらがまだ口の中に残っている間に、急いで飯を追っかけるようにひと口入れて噛むと、今度はその飯から出てきた優雅な甘みが加わるものだから、またもや我が輩の大脳味覚受容器はパンク寸前となってしまった。こうして、牛肉と味噌の底力を大いに堪能した昼の至福弁当であった。

カツオのたたき

本場の味、うまさの虜

やはり5月のこの時期になると、カツオ（鰹）の粋な食べ方で日本人を嬉しく悟ることができる。つい二日前の夜、東京渋谷にある行きつけの居酒屋でそれを再認識した次第だ。店の主人は南国土佐を後にして東京に出てきた人なので、カツオの時期になると、とたんに黒潮を泳ぐ弾丸カツオよりも元気になって、鮮度抜群、味覚極上のカツオを求め、高知と築地の市場を奔走する毎日となる。

だからこの店のカツオは、美味以外の何ものでもない。この時期、我が輩はここに行くと、決まってカツオのたたきを注文する。すると店では、直ぐに新鮮なカツオをおろして、その場で刺し身の表面を燻《いぶ》し焼きしてたたきにするのである。そのため、目の前に出されたそのたたきは、まだ少しなま温かいのであるが、これこそ本当の土佐のたたきであり、何年か前に高知県中土佐町久礼《くれ》で食べた、そのままのたたきである。

二日前も、目の前に出されたカツオのたたきをじっと見ると、何と我が輩を惹《ひ》きつけることか、何と魅了することか。かなりぶ厚く切ったそのたたきの皮側の表面は、火で焦がされて黒っぽくなっていて、直ぐその下の周りの正肉部分は淡い乳褐色になっていて、その下の方の大部分は焼く前と全く同じく新鮮な刺し身のままに、鮮やかな赤が美しい。

小さな醤油うけに醤油を注《つ》ぎ、そこにおろしたニンニクをやや多めに入れてざっとかきまわし、最初のひと切れをそこにべったりと付けてから、やおら口に入れてムシャムシャと噛んだ。瞬時に鼻孔からニンニクの快香と燻したときの煙の匂いが抜けてきて、口の中では温もりがまだ残っているたたきから、濃厚にして強烈なほどのうま味と底力のあるコクなどがジュルジュルトロトロと湧き出してくる。それを醤油の豊潤なうまじょっぱ味とニンニクのじっとりとした辛みが囃すものだからたまらない。口の中はすでに収拾のつかないほどの美味の混乱状態に陥り、たったひと切れ目にして、そのうまさの虜《とりこ》になってしまった。

口の中でペトペトになったそれをゴクリンコと顎下《がっか》にのみ下してから、ここで熱めに燗をしてもらった日本酒を盃《さかずき》に注いでコピリンコと飲《や》った。すると今度は、口の中はカツオの濃厚なうま味から一転して日本酒の甘辛酸味とコクとに置き変ってしまった。ここでいつものようにああ、いいなあ、うまいなあ、日本人に生まれていがったなあ、なんて思うのである。

カツオはこのようにたたきでよく賞味するが、新鮮そのものをおろしてそれを刺し身のままで食べるのは江戸好みで、こちらはさらに粋な食い方である。こういう店に行っての帰りは、何だか自分もいなせになって店を出られるのである。

キンメダイの粕漬け

うま味とコク、頬落舌踊

いよいよキンメダイが美味しい夏の旬を迎える。この魚は日本近海のものなら大概は期待を裏切らないほど美味しい。キンメは冬が旬だ、と大声で叫ぶ人もいるが、確かに冬期は脂肪がのって美味この上ないが、その場合は冬の旬と考え、とにかく安くて美味しい夏の旬のキンメダイも魅力いっぱいであることを知っていた方が得である。

5日ほど前にも、近くのデパートの地下にある魚売り場に行ったら、キンメダイの切り身がひと山幾らの状態で売られていた。それを見て、これを買わずになるものか、と2山買ったのである。その切り身を薄いビニール製の袋に入れてもらい、手に下げて家まで持ち帰ったがズシリとしてなかなか重い。そこで、またまた衝動買いをしてしまったことに気づいたのだがそれは後の祭りである。

とにかく喰いしん坊の我が輩、空腹の時に魚屋の前で安くて新鮮で美味しそうな魚を見つけると、目の色変えて、沢山買ってしまうという、後で悲しき性《さが》を持っているのである。その日の夕餉《ゆうげ》には、そのキンメダイで煮付けをつくり、また豆腐と一緒にして味噌汁をつくって賞味したが、それはそれは美味であった。しかし、まだかなりの切り身が残っているので、それを常備している酒粕の漬け床に漬け込んで、久しぶりにキンメダイの粕漬けをつくった。

漬け込んでほぼ5日が経ったので、酒粕から掘り起こしてきた。切り身にべっとりと付いていた酒粕は、軽く手でぬぐい取る程度にしてから、ガス台のロースターに入れ、遠火の弱火でじっくりと焼いた。粕漬けを焼くときは、この火加減が大切で強火で焼くとたちまちのうちに焦げて真っ黒になり、大失敗に終わるので注意しなければならない。

こんがりと焼き上ったそのキンメダイの妖しいこと。背皮の方にはまだ赤い肌色が残っていて、真っ白だった身の方はやや濃い目のキツネ色となり、見ただけで食欲がそそられた。その焼きたてに、箸を差し込んで身をほぐすようにすると、そこからほんのりと小さな湯気が立ちのぼってきた。そしてほぐれ身を口に入れてじっくりと味わってみると、先ず酒粕の甘ったるい匂いと、酒粕や身が焼かれて焦げついた表面からの香ばしい匂いなどが鼻から抜けてきた。

そして口の中では、キンメダイの身から濃厚であるけれども決してくどみのないうま味と、脂肪身からの上品なコクとがジュルジュルジュルと湧き出してきて、それを酒粕からの熟した豊潤な甘みとうま味と酸味とコクとが包み込むので、頬落舌踊《ほおらくぜつよう》の美味を味わうことができた。透かさず炊きたての熱々のご飯をその粕漬けで食べたとたん、我が大脳味覚感受体はあっという間に絶頂に達してしまった。

駅弁サバ寿司

夏でも冬でも旅の友

猫またぎの季節にサバ（鯖）の話とはなんとまあ常識知らずの先生だこと、なんて言われるかもしれないが、実はそうでもないのだ。例えばハモ（鱧）は夏が旬だといわれるが、それ以外の季節でもとても美味しいし、アジ（鰺）も夏が旬とされるが1年中うまい。確かにサバは、夏よりも秋や冬に脂肪をのせるので、それはそれで美味しいのだけれども、夏のサバを酢で締めて、それで酢飯を抱えさせたサバ寿司の美味しさはなかなかのものである。

そんなことが頭の隅の方にあるので、大好物のサバ寿司になると、季節感など全く考えず、旅先でこれを見つけると迷わず買って賞味している。とはいえ、夏だけでなく冬でも買って食べるサバ寿司の中には身が薄く、脂肪ののりも悪く、食べるとサバの身はパサパサとしていいててんで期待外れ、ということが結構多く、もう二度とサバ寿司なんか買うもんか、と立腹するのであるが、それもすぐに忘れてまた買ってしまうサバ寿司好きにはあきれてしまう。

しかし、先日新大阪駅の構内で買ったサバ寿司の立派さには、さすがの我が輩も驚いてしまった。そのサバ棒寿司1本の値段は１２００円ほどで、サバ寿司としてはそう高価なものではなかったから、箱を開け、ラップに包まれている本体を見るまではあまり期待をしていなかったのであるが、巻かれていた黒い昆布の中を見て、感動のあまり仰天した。

そのサバ寿司のサバはとても身が厚く、とりわけ背の方はむっちりとしていてぶ厚く、腹側の方にきてもポッテリとしていてこちらも厚く、いわゆるはらすといわれる下腹は、皮が白銀色になって内側に丸まってポテッとしていて、真っ白い酢飯を軽く抱いているのであった。

これはついている。いいサバ棒を引き当てたぞと、何だか神社の境内で運試しの御神籤《おみくじ》を引いたときの大吉ような気分になって、先ずはそのサバ寿司を食べた。こういう時に我が輩は、先ず昆布と酢飯からサバの身を離し、そのサバだけを口に入れて味わってみることにしている。口の中にコロリと入ってきた大きめのサバを歯で二、三度噛みしめると、むっちりとしたサバの身がジュワワ〜ンと潰れていき、そこからサバの身特有の濃厚なうま味がジュルジュルと湧き出してきて、はらすあたりも潰されて、そこからはトロトロとした脂肪のコクが溶けるようにピュルピュルと流れ出してきた。それらの味を酢の酸味がしっかりと支えているものだから、とても締ったいい味になっている。そして、透かさずそこに酢飯を追っかけるようにして口に入れて噛むと、今度はサバの身のうま味が酢飯の甘みと融合して、ここで我が大脳味覚受容体は遥かにその容量を超えてしまうのであった。

毛ガニ

天然美味、両手で貪り

いよいよカニ（蟹）の美味しい季節到来である。我が輩には「味覚人飛行物体」とか「発酵仮面」といった渾名《あだな》があるが、実は甲殻類、とりわけカニが大好物で、食べ方もダイナミック。本物のカニ喰い猿にも負けない程だというので「ムサボリビッチ・カニスキー」というのもあるのだ。

さて、これまで実に多種のカニを食べてきた中でも、秋のこの時期の毛ガニの美味しさは格別なものである。北海道で獲れたのを浜茹でした大きめの毛ガニなんぞは、手に持つとズシリと重く、匂いを嗅ぐとほんの少し汗っぽく、そして微甘を思わす官能的芳香に脳天はとたんに躍らされるのである。

その憧れの毛ガニが北海道から届いたので、その日の夜は我が厨房「食魔亭」に唯一人閉じこもってじっくりとその毛ガニの味を鑑賞したのであった。我が輩、この連載で過去2、3回は大好物の毛ガニのことを書いた記憶があるが、しかし、いつ食べても心洗われる程の味であるので、この感動をここで新たに発信したいのである。

その毛ガニは片手に持つとズシリと重く、大きさも手にやや余るといったちょうど食べ頃のものであった。それを俎板《まないた》の上にのせ、通常のほぐし方で脚や胴を解体し食べやすく包丁を入れ、真っ白で大きめの鉢皿に体裁よく盛り付け、いよいよ賞味することにした。

我が輩流の食べ方は、三杯酢などの調味料は一切使わず、またなんの道具も使わず、全て両手の指だけを使って貪る法である。皿の中央には、山吹色にやや赤みを帯びた代赭色《たいしゃ》のカニみそをたっぷりと抱えた甲羅を鎮座させ、その周りを純白の身を豊満に詰めた脚や胴体で取り囲ませた。

先ず、脚の中でも最も太いものを1本手に持って、殻の端に歯を付けてちょこっと裂き、その切り口を我が口に含んで強く吸うと、殻の中の身は形を崩さぬまま我が輩の口の中にスットンといった感じで入ってきた。それをじっくりと噛みながら、我が大脳味覚受容系を全てそこに集中させるのである。するとその脚肉からは、誠にもって上品で優雅な甘みと、洗練されたうま味とがチュルチュルと湧き出してくるのである。今や科学を極めた人類が、幾兆円をかけたとしても全く同じ味など出来る筈のない味覚極楽の天然美味が今、我が輩の口の中で躍っているのだ。

脚肉をすっかりと堪能し、次に純白に光る胴肉をほぐして、それを指先でつまみ、甲羅にべっとりと付いているカニみそをそこにチョンと付けて口に入れて食べた。すると先ず、カニの肉身から高尚な甘みと優しく上品なうま味とが口中に広がり、それを包み込むかのように濃厚なカニみそのうま味とコクが拡散し、ここでも我が大脳味覚受容系は満帆の状況に陥った。

第9章

味覚極楽 よよいのよい

豚肉のしょうゆステーキ

食欲そそるキツネ色

最近は、さまざまな銘柄豚が市場に登場し、我が輩のような豚肉ファンを喜ばせている。確かに、そのような豚肉は味が濃く、脂肪身《あぶらみ》に甘みがあって美味しい。手に入ったら、なるべくごたごたと手を加えずに、素材の良さを生かした料理法で食べている。これは一見、手抜きのようにとらえられそうだが、美味しい材料ほど人の手を加えないのも料理の鉄則であることを悟ってほしい。

つい先日、長野県飯田市の千代という山の中で育てたという幻の豚肉が手に入ったので、そのロース肉やバラ肉の薄切りを早速食べてみた。フライパンに油は引かず、熱くしたところに2、3枚のせ、チリチリと両面を焼いたものに塩をパラパラと振りかけて食べたのであった。するとどうだろうか。正肉身の方からは噛むに合わせて濃いうま味がジュルジュルと出てきて、脂肪身の方からは切れの良い甘みがピュルピュルと湧き出してきて、とても美味であった。焼いている時の匂いも実にうまそうだ。我が輩が、豚肉のうまさを試すときには、いつもこの方法で行うのだけれども、これまで外れたことはない。よろしい、この肉は大変美味しいと分かったものだから、その肉のロースの厚切り肉をステーキにして食べることにした。肉としょうゆとテーブルコショウ以外何も使わず、ただ焼いただけで食べたかったので、そのようにしたのであった。

フライパンにほんの少々油を引き、肉をのせて、はじめ強火で両面に火を通し、あとは弱火にしてじっくりと焼き上げた。いやはやその焼き色の、なんと食欲をそそらせることか。外側の脂肪身はこんがりとキツネ色になり、焼く前に白かったそこはブヨンブヨンとした感じで透明になっている。正肉身の方は少しキツネ色がかってきて、全体は溶けた脂肪に濡れてテカテカと光沢を放っている。

その焼きたてを、あらかじめ温めておいた白い平皿に移し（焼いた時に出たうま汁や溶けてきた脂肪も全て肉の上にかける）、テーブルコショウを振りかけ、その上からしょうゆをさっと廻し掛けして完了だ。丼に炊きたてのご飯を盛り、熱い番茶を脇に置いていよいよ食べた。まずナイフで端の方から切り分け、ひと切れを口の中に入れて噛むと、焼けた豚肉としょうゆ、コショウの匂いが鼻から抜けてきて、次に口の中では、脂肪身がムチムチホコホコと歯に応えて、そこからトロリとした感じで脂肪が溶け出してきて絶妙な甘みが出てきた。また正肉身の方は、ポクポクといった感じで歯に当り、濃厚なうま汁がジュルジュルと流れ出してくる。それを、しょうゆのうまじょっぱ味と、飯の甘み、コショウのピリ辛が支えるものだから、口の中は味覚極楽よよいのよい、ってなことになってしまった。

俺流海鮮チャーハン

余りもので至福のひと時

炊飯器で炊いたご飯が毎日少しずつ残ると、それをラップに包んで冷凍庫の中にしまっておく。そして、どこにも出掛けない日の昼食時に、そのカチンコチンに凍ったご飯を使ってチャーハンをつくり、それを美味しくいただくのが楽しみのひとつである。つくるチャーハンは大概海鮮もので、具もほとんどは余って冷凍していたエビ、ホタテ、アサリ、イカなどである。

昨日もつくった。冷凍庫からご飯をとり出し、包んでいたラップを外してボウルに入れていく。またむきエビ、むきアサリ、刻んだイカもそのボウルに入れた。さらに、常備している市販の冷凍ホタテ貝の身も袋からガラガラと出して入れた。

大きなフライパンに油を引き、ボウルから飯や具をそこに入れ、油を上からさっと廻しかけ、あとはじっくりと中火で加熱して解凍していく。解けてパラパラにほぐれてきたら、火を強くしてさらに炒め、途中で味塩を振り、コショウも振り込んで好みの味に整えて行く。飯が少し焦げかけてきたところで火を止め、そこに裏業を仕掛けるのである。それは、新鮮なレタスをザクザクと切ってからさらに細く小さく切り、生のままチャーハンに加えてからよくかき混ぜて出来上りとするのだ。

出来立てのシーフード・チャーハンを白い大きな平皿に盛り付けた。色彩は見事に美しく、白い飯の中に赤いむきエビが鮮やかに目立ち、クリーム色のホタテとイカ、黄色を帯びたアサリの美味しそうなこと。そしてレタスの目を引き込むような緑色は全体を華やかにしている。添えるスープは、市販の中華スープの素を鍋の湯に溶かし、その上から解き卵をさっと廻しかけして綴じ、そこに多めのコショウを振りかけたものである。

そしていよいよ至福の時到来だ。散蓮華《ちりれんげ》でざっと掬《すく》い取って口に入れて噛んだ。すると瞬時に鼻孔から香ばしい焦げ香と甘い飯の匂い、エビやホタテの匂いなどがほとばしるようにに抜けてきた。それを噛んで行くと、具のうま味を吸った焼き飯からかすかな甘みとうま味が出てきて、次に歯にエビの身が当たると、ポクポクと応えてエビ特有の甘みが湧き出してくる。シコシコとしたアサリからも、奥の深いうま味がジュルジュルと出てきて、圧巻は丸くゴロリとしたホタテの甘みであった。噛むとジュワリと崩れていき、さらに噛むとコキコキとしながら、濃厚なうま味と甘みとがじんわりと流れ出てくる。

さらにレタスのシャキシャキとした歯応えはとても新鮮な感覚を与えてくれ、これらをゴクリンコと呑み込んでから熱々のスープをひと啜《すす》りした。するとその熱さと多めに振り込んだコショウの辛さで、口の中は火が燃えているかのように熱くなった。余りものでの最高の至福。料理って楽しいものですなあ。

大根おろしそば

その辛み、野武士のごとく

いつも行く市場で美味しそうなしらす（白子）の釜揚げが売っていたので、それにおろした大根を掛けて食べたくなった。そこでそのしらすを買い、途中の八百屋さんで大根1本を買って家に戻った。

早速、我が厨房「食魔亭」に入り、大根をすりおろしはじめた。その大根はかなりの大ぶりで太りぎみ、首の部分は美しい淡緑色でいわゆる「青首」である。

我が輩は、おろした大根はやや辛いのを好む。半分ほどおろしてもう十分と思い、残りは冷蔵庫にしまい、おろした大根のお味はいかがとちょいと嘗《な》めてみてびっくり仰天。いやはや辛いのなんの。こんなに辛い大根に出合ったのは本当に久しぶりのことだと思った。

上品で甘く品種改良されても、代を重ねると野武士の如く辛味のある大根に戻ると言われているが、この大根もそんな過程を踏んできたのかも知れない。

そこで、よし、これでそば（蕎麦）も食べようと瞬時に思いついた。勿論しらすおろしもつくるけれども、ここにきて突然方向転換。大根のおろしそばを胃袋が考え出したのは正確で、とにかくこれほどの辛みを持った大根はそうめったに出合えないからである。

そこで早速、買い置きの乾麺のそば（北海道新得《しんとく》産）を茹《ゆ》で、それを冷水にとって締め、よく水を切った。次に肝心な汁《つゆ》だが、これは至って簡単。おろした大根の搾り汁に醤油を好みの味加減まで加えただけのものである。とにかく、この2つを合わせただけでよく、添える薬味も刻んだネギだけでよろしい。

こうして準備完了。しっかりと腰のあるそばを箸でたぐり上げ、それをそば猪口に入っているつけ汁にくぐらせてから、ズズズーッと口に啜り込んだ。その瞬間、生大根の刺激的であるがなんとなく牧歌的匂いが鼻孔を抜けてきて、何だか鼻の通りがよくなったような感じがした。そして口の中では、はじめつけ汁のうま味が広がったと思った次の一瞬、大根からの辛辣な辛みが口中に広がって行った。

ところがその辛さは、ワサビや蕃椒《とうがらし》といった類のものではなく、真っ直ぐな一本の線のようにとてもシャープで、スカッとしたものであった。その上、少しの甘みと微《かす》かな苦みも持っていて、さすが大根の辛みには底力が宿っているものだなあと思った。

腰のしっかりとしたそばからは、噛むたびに上品な甘みがジュクジュクと出てきて、それが大根からの辛みと苦みに一体となり、誠においしい。昔から「大根役者」などといった戯《ざ》れた言葉もあるが、本当は大根は大した役者である。こうして、我が輩をじっと待っていたしらすには申し訳なかったが、出番は翌日となってしまった。

牛肉のしゃぶしゃぶ

霜降りが口の中でトロリ

これまで中国には二十数回行った記録がある。とにかく広大な国土を持つ国である上に、多種の民族が住んでいるので、どの地方に行っても文化はことごとく異なっていると見てよい。

その中国には、日本のしゃぶしゃぶに似た料理があって、北京の代表的名物料理ともなっている。それは「涮羊肉」（ショワヤンロウ）というもので、薄く切った羊肉を沸騰したスープの中にさっと通し、好みの調味料で食べるものである。

中央に炭火を入れる煙筒の付いた独特の鍋「火鍋子」（フォクオズ）を使い、シイタケや干しエビからとったダシ汁の中に羊の霜降肉を入れてさっとくぐらせ、春雨や野菜と共に食べるものである。

日本のしゃぶしゃぶはそれが原形となっていて、戦後関西で始まったとされている。日本では牛肉の薄切りを使い、野菜やシイタケなどと共に熱湯にくぐらせて、ゴマだれやポン酢醤油で食べるが、我が輩は断然この日本流が好きだ。

その日本のしゃぶしゃぶを先日、鹿児島市で久しぶりに賞味したのであったが心洗われるほどの美味しさであった。その牛肉は黒毛和種で、薄く切られた霜降肉は大皿に綺麗に盛りつけてあり、小さな白い脂肪身の散らばりと、正肉身の真紅が織り成す霜降り模様はとても艶やかであり、神秘的であり、そして官能的な妖しさを持っていた。

その眩《まぶ》しいほどの牛肉を箸で1枚とり、目に近づけて見てみると、それはしっとりと潤んでいて、ますますその肉に魅了されてしまった。ではいただきましょうと、その肉を鍋の熱湯にさっとくぐらせ、直ぐに色が赤から淡い乳白色に変わったところで引きあげ、ポン酢醤油に浸してから口の中に入れて噛んだ。

すると口の中に入った肉は、その存在を現さぬかのようにトロリとしただけで、しかしそれが、次第に舌の上でとろけるようなやわらかさで口全体に広がっていき、そこから優雅なうま味と上品な甘み、脂肪からのコクなどがトロトロと流れ出てきて、そこにポン酢醤油の酸味とうまじょっぱみが絡むものだから、口の中は美味美味美味の大混乱となり、もはや収拾のつかぬ状況に陥る始末であった。

こうして2枚目、3枚目もじっくりと賞味したのであったけれども、我が輩が脂肪の多い肉を食べるとよく見られる胃もたれなど全くなく、とてもさっぱりした食後感であった。感心したのは、脂肪の部分を入念に味わってみたときで、そこからは特有の甘みがチュルチュルと湧き出してきたことである。ネギや白菜やエノキダケも食べ、最後にそのしゃぶしゃぶの鍋の汁の中にうどんを入れてグツグツと煮て食べたのであったが、そのうどんも牛肉からの出汁《だし》をしっかりと吸いとっていて大層美味であった。

ワカメ

味噌汁、そばにパラパラと

歳のせいなのか、このところワカメ（若布）が大好きで、市販の乾燥ワカメをいつでも食べられるように持ち歩いている。昼に街の定食屋に入ったときなどは、出された味噌汁にそのワカメを入れて、いきなりワカメ汁にすることもあり、また立喰いそばを食べるときは、決まって熱い掛けそばを注文し、そのそばの上からパラパラと撒き、たちまちワカメそばにしてから賞味している。

先生、そんなしみったれたことしてみっともないわよ、なんて言う人も居りましょうが、わかっていてもなかなか止められないのである。

ワカメとじゃが芋の味噌汁は特に好物で、家では大概はこれをつくっていただいている。熱いご飯とこの味噌汁の取り合わせはなかなかのもので、他におかずが1品ぐらいあればそれで我が輩には十分な食事となるのだから安上がりでもある。

昨日の昼もそうだった。皮をむいたじゃが芋を3～4ミリの厚さの半月切りにし、一度水にさらす。ダシ汁を鍋に入れて火にかけ、そこにじゃが芋を入れて、柔らかくなるまで煮る。そこに好みの量の赤みそを溶き入れ、次に乾燥ワカメをパラパラと撒いて火を止めて出来上りとした。一方、削ったカツオ節にネギの白根をみじん切りしたものを和《あ》え、その上から醤油を少しかけ、さっと混ぜ合わせたものをおかずとした。

こうして、とても簡単な昼食としたのであったが、いやはやうまかったですなあ。目の前には、ご飯茶碗に盛った炊き立ての熱い飯、汁椀にはじゃが芋とワカメの味噌汁、そしてカツオ節のネギ和えがあるだけ。先ず、熱い味噌汁をいただく。汁の入った椀を左手に、箸を右手に持って、ズズズズーとひとすすりした。すると瞬時に口の中が熱くなり、そこから味噌汁特有のうまじょっぱさがパーッと広がっていった。そして鼻孔からは、香ぐわしい味噌汁の匂いと、かすかなワカメからの磯の香り、ダシに使ったカツオ節の芳香が抜けてきた。

次に、ワカメを口に運んで噛むと、歯に当たってフワワ、トロロロとし、再び磯の香りや潮の匂いが出てきた。追っかけて今度はじゃが芋片を口に入れて嚙むと、芋は歯に潰されてトロトロになり、そこから甘みとコクとが流れるように出てきた。

味噌汁の椀を一度下に戻し、次に真っ白いご飯の上にカツオ節のネギ和えをのせ、それをンガンガしながら食べた。すると今度は、ご飯から上品な甘みがピュルルチュルルと出てきて、カツオ節からは濃厚なうま味がジンワリと出てきて、ネギからは野趣のある甘みとわずかの辛みが出てきて、そこに醬油のうまじょっぱさまでもがからみつくものだから、もうこの3品だけで味覚満点の昼食となった。それにしても我が輩、やっぱりしみったれているのかなあ。

ホッケの定食

健康は最大の調味料

平素は猪突猛進型で、病気などとは無縁と思って元気に走り回っていたこの味覚人飛行物体ではあったが、日頃のその不養生がたたって突然体調を崩し、先月は東京の順天堂大学病院に緊急入院してしまった。約2週間、精密治療を受けた甲斐があり、今は再び元気を取り戻して元の生活に復帰し、我が厨房「食魔亭」を中心に元気回復食をつくって美味しく食べている。

入院中は食事制限が厳しく、そのため体調が復活するにともなって空腹に悩まされ、握り鮨やとろろ蕎麦が夢にまで登場する有り様であった。入院中の食事は、量は少なかったが味はなかなかのもので、中でも入院して5日目の朝に出された里芋だけを具にした赤味噌系での味噌汁を啜った瞬間、鰹節からのダシのうま味と味噌のうまじょっぱ味が口の中に広まり、絶妙であった。そして、上品に小さく切った里芋を口に入れて静かに噛むと、それが滑らかに崩れて舌にトロリとぬめり、そこから貴品の高い淡い甘みがトロトロと流れ出てきたのであった。それを味わいながら、この味噌汁をつくったおばさんあるいはおじさんは文化勲章ものだな、人間国宝級だななどと、我が輩はベッドの上で正座し、敬意を表した次第である。

退院して自宅に戻ったら、最初に何を食べようかと、ずっと2週間、そればかり考えていた。そして我が厨房「食魔亭」での最初の料理は意外に単純なものだが縞ホッケ定食にした。実は以前から、北海道の縞ホッケの美味しさに心酔していたので、ご飯の最初のおかずは縞ホッケにしようと内心は決めていたのである。

中でも、札幌の佐藤壽さんからいつも送ってもらっている縞ホッケの開きは、脂ののり具合といい、身の味の濃さといい絶佳で、その上、塩の淡い仕方が絶妙なので、これを焼くことにした。

先ずご飯を炊いた。焼き魚の定食には、炊きたての温かいご飯が一番似合う。味噌汁は、上品なうま味を持つホッケを考えて、あっさり味にし、具は大根の繊切りのみ、香のものは白菜の麹漬けを用意し、縞ホッケは退院直後なので半身をこんがりと焼いた。

こうして憧れのホッケ定食をいよいよ食べた。キツネ色に焼かれたホッケはまだ熱く、中心あたりに箸をつけてむしると、中の純白の身からふわっと小さな湯気が立った。そこに醤油をほんの数滴落して、その周辺の身をとって口に入れて噛んだ。

すると口の中のホッケの身は、ホコリ、ホコリと小片となって崩れていき、そこから純真にして上品なうま味と優雅な甘み、脂からのペナペナとしたコクとがチュルチュルと湧き出してきたのであった。そこに透かさず温かいご飯を追いかけさせると、口の中は味覚極楽が混然一体。やっぱり、健康は最大の調味料だ。

乾麺蕎麦と油揚げ

食感フワフワ、汁にコク

家に居て書きものなどをしている時、ふと蕎麦《そば》が食べたくなることがある。それがいつまでも頭から抜けず、過《よぎ》り続けるので書きものに集中できず、遂にその食の欲と胃袋に負けて筆を置き、我が厨房「食魔亭」に入ってしまう。

そして戸棚から蕎麦の乾麺を出し、次に冷蔵庫の中を見て、汁蕎麦の上にのせる具を捜しだすのであるが、この日は格好のものがあった。先日、新潟市に行ったときに買ってきた名物油揚げである。そのかなり大きな油揚げは、美しい黄金《こがね》色に輝いていて、その光沢たるや只物ではない、と思い買ってきたのである。家に戻ってからサッと焼いてショウガ醤油で食べたその油揚げの美味しかったこと。よし、後でゆっくり食べましょうと、冷蔵庫の中に置いてたのを忘れていたものである。

たっぷりの鍋の湯の中で乾麺蕎麦を7分ほど茹で、冷水で締めてから水を切った。別に市販の麺汁《めんつゆ》を説明書通りに水で薄め、熱しておく。油揚げは、一度熱湯をくぐらせて余分の油を抜いてから少し幅のある千切りにし、薬味にはネギを刻んでおく。そして、鍋の中で沸騰する湯に蕎麦を戻して温め、それを引き上げてからよく湯を切り、丼に移す。その上から熱々の麺汁をたっぷりと掛け、油揚げを丼の表面全部にのせ、さらに刻みネギを撒き、七色唐辛子を振り込んで出来上りだ。

そしていよいよ食べた。先ず両手で丼を持ち上げ、唇を尖《とが》らせるようにして汁を啜った。ズズーッと口の中に入って行ったとたん、ネギの快香と油揚げの香ばしい匂い、微かな蕎麦の香り、汁からの醬油とダシの匂いなどが鼻孔から抜けてきて、その食欲を奮い立たせる匂いに心臓も思わずドッキンドッキンと高なった。

次に丼を卓上に置き、油揚げを箸でとって食べた。嚙むと、すっかりと汁を吸ってフワフワとした油揚げから、ダシのうま汁と油からのコクがジュルジュルと搾られるようにして出てきて、それが口中に広がって行く。さらにその油揚げをポロポロになるまで嚙みしめてから顎下《がっか》に送り、次に蕎麦をツルルズルルといった感じで啜り込んだ。1回の啜り込みで、かなりの量の蕎麦が口の中に入って行ったが、それをじっくりと噛んで、蕎麦から湧き出てくる微かな甘みや淡いうま味、油揚げの油からのコクなどを鑑賞した。ダシのうま汁に染まり、油揚げの油が絡まったその蕎麦は、七色唐辛子のピリ辛にも囃《はや》されて大層美味しいものとなった。

こうしてあとは、油揚げと蕎麦を丼の汁の中で混ぜ合わせ、それを一緒に口の中に入れて食べた。すると油揚げのフワフワシャキリ感と蕎麦のツルツル感との対比が妙で、気付いたら汁の一滴も残らず丼は底をさらけ出していた。

第10章

素晴らしきかな食感の大競演

変わったマグロ丼

独創の美味しさ・楽しさ

我が輩の家の近くに渋谷駅があり、その周辺のデパートの食品売り場や魚市場に行ってみると、さまざまなマグロ（鮪）がとても買い易くなったことに気づく。クロマグロやミナミマグロ、キハダマグロ、メバチマグロ等々が短冊状に切られたり、刺し身にされたりして売られているのだ。

マグロ大好きの我が輩は、特売日などをねらってよく買いに行くが、安くて美味しいので嬉しく賞味している。大概は刺し身で夕食時に食べるが、休日などで家に居る時には、得意のマグロ丼にして昼飯あたりで楽しんでいる。ただし、赤身を醤油に漬けた、いわゆる「づけ」を飯の上にのせる通常のマグロ丼でなく、いろいろにつくり方を工夫独創して賞味しているので、その楽しみも倍加するのである。

先ずは「卵丼式マグロ丼」。赤身の刺し身の短冊を熱湯にさっとくぐらせ、直ぐに氷水にとる。マグロは表面が白くなる。これを取り出して水気をよく拭きとり、醬油に5分ほど漬ける。次に、食べやすい大きさに斜《はす》切りし、温い丼飯の上に隙間無く並べていく。別に、ダシ汁を鍋に入れ、斜切りしたネギを好みの量入れ、砂糖、味醂《みりん》、醬油を加えて甘じょっぱく煮つけ、その上から溶き卵を回し掛けしてひと煮立ちする。その卵綴じを丼の上のマグロに上手にのせ上から海苔をパラパラと撒いて出来上りである。

まあ簡単に言えば卵丼の下にマグロのレアが入っているようなものだが、この我が輩流のオリジナルマグロ丼は大層美味しい。先ず左手に丼を持ち、右手に箸を持って、丼の一端に口をつけてガツガツと食べはじめるのだ。

すると瞬時に丼から、醬油とネギとが煮込まれた甘じょっぱい匂いと海苔《のり》の快香が鼻孔から入ってくる。それを噛むと、先ずネギがホコリヌルリとし、卵はフワリドロリとして、そこからネギの甘みと卵のうま味が出てきて、そこに今度はマグロのレアが歯に応えてトロリペトリとし、そこからは誠にもって濃厚なうま汁がジュルリジュルリと湧き出してくる。さらにそれらを、飯の優雅な甘みが包み込むものだから、もうどんどんと食が進んでしまい、気づいたらあっという間に丼は底を見せてペロリンコ。我が輩は食べ過ぎてゴロリンコってなことに相成るのである。

また、同じ我が輩のオリジナルのものに「ヌラリマグロ丼」というのがある。「づけ」にしたマグロを小さ目に切り、それにひき割り納豆と下ろしたトロロを加え、大葉と三ツ葉の微塵《みじん》切りも加えてから醤油を少し加えて混ぜ、それを丼飯の上からドロリとぶっ掛けたものである。これをざくっとひと混ぜしてから食べると、ヌラヌラトロトロズルズルの中で、漂うようにして右往左往しているマグロ片を舌で追う楽しさが妙である。

即席カキラーメン

大粒の身、うま味たっぷり

即席ラーメンには、乾燥してカリカリになった麺に粉のスープを撒いて、そこに熱湯をぶっ掛け、3分待てと言われてから食べるカップ麺や、鍋で煮て食べる煮込み型などがある。

最近は、街のラーメン屋に負けじと、生麺とスープのほかに、焼き豚やメンマ（しなちく）なども付けた本格的なものまであって、とてもバラエティーに富んでいる。

休日の昼などは、よく即席ラーメンを食べるのであるが、最近、煮込み型のとても美味しい食べ方を発明したので、御教授を進ぜまする。

先ず、デパートの食品売り場の冷凍食品コーナーに行って、冷凍のカキ（牡蠣）を買ってくる。これは1年中売っているが、とにかく大粒で安い。買わなきゃ損、損というぐらい安いので得した感じになる。つい先日のものは、大粒のものが大体10粒入っていて、490円であった。

先ず、そのカキを凍ったまま、ボールに入れて、水をかけて解凍すると、約5分で元に戻る。そのカキを十分に洗って水を切っておく。

次に、ラーメンの袋に書いてある通りに、麵を茹《ゆ》でるが、この時、添付のスープは、別の鍋で決められた量の水を加え、火にかける。スープが沸騰してきたら、そこにカキを3～4個加えて、約3分間煮込み、煮上った麵は湯を切って丼に移し、その上から、カキ入りのスープをぶっ掛けて出来上りだ。即席ラーメン3袋と490円の冷凍ガキ1袋で、何と3人分の豪華カキラーメンが出来るのであるから嬉しい。

中華丼に盛ったそのカキラーメンの美味しそうなこと。やや淡黄色の麵の上に、大振りのカキがデデンと乗っていて、そこからカキ特有の潮の香がほのかにプ～ンと立ってくる。その上から、やや多めにテーブル胡椒をパッパパッと振り掛けて、いよいよ食べる。

先ず、スープをスズーと啜《すす》ると、瞬時に調味料（醬油あるいは味噌又は塩）の匂いに混じって、カキからの海の香りと麵からの梘水《かんすい》の匂い、胡椒の快香などが、鼻孔から抜けてくる。そして口の中には、深みのある美味なスープの味と、カキから出た濃厚な出汁《だし》味、胡椒のピリ辛などがじっとりと広まって行く。

そして、いよいよ麺を啜って口に入れて噛むと、ややシコシコ感のある麺が次第にほぐれて行き、そこから麺特有の微《かす》かな甘味が溶け出してくる。それをスープと共にゴクリンコと顎下に呑み下し、次にブヨヨンとしながらポッテリ感のある大粒のカキを1個、口に入れて噛んだ。カキはポクリといった感じで潰れ、そこからトロリドロリとしながら濃厚なうま汁が流れ出してきた。それをじっくり味わい、また麺とスープをズーと啜る快感よ、幸せよ。

マグロのトロトロ丼

あっという間に3杯目

市場のマグロの赤身が、やたらと我が輩を誘っている。「うまいぞ、安いぞ、食べないと損だぞ、だから私を食べてちょうだい」と言っている。そこまで言い寄られて、袖にするのは男が廃《すた》ると思い、冊取《さくど》りした赤身二冊買って家に帰った。

それを大きめで純白の平皿の上にのせてじっと見ると、何とその美しいことか。目に染みるほどの鮮やかな真紅、そしてその表面はしっとりと潤《うる》んでいて、光沢すら放っている。中央あたりを人差し指で軽く押してみると、ほんの少し沈みがあって、直ぐにむっちりと跳ね返ってくる。さすがはクロマグロ、ミナミマグロに次ぐ価値のあるメバチの赤身だけのことはある。

この新鮮な赤身の食べ方といえば、もう生食しか考えられぬと、買ってきた二冊全てを刺し身で食うことにした。早速飯《めし》を炊き、純米辛口の日本酒を出してきて燗をつけ、その刺し身のひと冊を肴《さかな》にしてコピリンコを始めた。飯が炊き上るまでじっくりと飲《や》ろうと思ったが、空腹での熱燗は快速かつ気持ちよく効きはじめ、それに釣られて濃厚なうま味のマグロも次々に舌を滑って行って、あっと気付いた時には、大半が胃袋に消えていたのであった。

こうなってからはもはやご飯に致しましょうと、あと少しの炊き上りまでの間に、残しておいた赤身の冊を小さめにぶつ切りし、それを醬油に5分間ほど漬けておいた。

一方で小鉢に納豆を1パック分入れ、それに醬油を少しづつ滴下しながらよく掻き混ぜ、そこに醬油から引き上げたずけマグロを加えてさらに掻き混ぜた。すると、ちょうど飯が炊き上ったので、ご飯茶碗にその炊き立てを軽く盛り、その上に納豆とマグロの和《あ》えものを掛けて食べたのである。

先ずざくっと大ざっぱに箸で混ぜてから、ズルズル、ズルズルと啜り込むようにして口に入れて嚙みはじめた。すると瞬時に納豆の郷愁をそそる発酵臭が鼻から抜けてきて、口の中ではヌラヌラ、ズルズル、トロトロ、ネタネタ、コテコテといった感じで納豆とマグロと飯粒《めしつぶ》とが絡《から》まり合い、滑り合い、とろけ合っている中から、飯からの甘み、納豆からの奥深いうま味、マグロからの濃厚なうま味とコクなどがどんどんと湧き出してくるのであった。

こうして夢中になってこの納豆マグロトロトロ飯を啜り込み、再びご飯茶碗にそれを盛っては啜り込みをしているうちに、ここでも、あっと気付いた時にはすでに3杯も胃袋に送り込んで4杯目に手が届く寸前であった。余ったマグロはラップに包んで大切に冷蔵庫に仕舞い込み、翌朝、再び納豆マグロトロトロ飯の続きを啜り込んだ次第である。

焼きうどん

キノコのうま味たっぷり

我が輩の教え子の中に、田舎でキノコの栽培をしている賢き青年がいる。秋のこの時期になると、いつも自慢のマイタケ（舞茸）を塊のまま送ってくれるので賢き青年なのである。何せ1キログラムを超すキノコなので、汁の実にしたり、炊き込みご飯にしたり、天《てん》麩羅《ぷら》にしたりと、我が厨房「食魔亭」はしばらくはキノコ景気で沸き返る。

そんな中で、ふと思いついたのが「キノコの焼きうどん」であった。よし、つくって食べようと思うが早いか、もう玉うどんを買いに外に出た。我が輩の焼きうどんには、大概は腰が強く太めで丸々とした讃岐うどんタイプを使うので、いつも行く店でそれを買ってきた。そのうどんはすでに茹で上がっているので、直ぐに使えるから重宝でもある。

先ず、マイタケ（大体150グラム）を大きめのひと口大に手で裂き、フライパンに油（大さじ2）を落とし、そこにマイタケを入れて炒める。キノコがしんなりぐったりとしてきたら、そこに玉うどんを2玉加え入れ、さらに炒め、そこに醤油（大さじ2）、酒（大さじ2）、酢（大さじ1）を加え、全体がなじむまで炒める。

それを大きな皿にとり、上から削ったカツオ節を好みの量、撒いて出来上りだ。敢えて肉とかカマボコなど加えず、具はマイタケだけ、添え味はカツオ節だけで食べる焼きうどんの美味しいこと。

さて、いよいよその焼きうどんを食べた。先ずマイタケを箸で取り、それを口に入れて噛むと、瞬時に鼻孔からキノコ特有の枯れ葉のような、あるいは微かなカマンベールチーズのような匂い、さらにカツオ節の食欲誘因香も抜けてきた。そしてそれを噛むと、キノコは歯に応えてシコリ、コキリ、ホクリとし、そこから実に上品で軽いうま味がジュンワリジュルジュルと湧き出してきた。

それをゴクリンコと顎下に呑み下し、次にうどんを箸でとって、ズルズルと啜るようにして口の中に納め、それを噛んだ。するとさすがのうどんだ。腰が強いものだから、歯にシコシコ、ムチムチと応えて、そこからうどん特有の優しい甘みがチュルチュルと出てくるのであった。さらにそのうどんを噛んでいくと、テロテロといった状態になり、甘みを増しながら最後にはトロトロとなってきたのでそれも顎下に呑み下した。

よし、と次はマイタケとうどんとをいっしょに口に入れて噛むと、今度はマイタケのうま味とうどんの甘みとが極だって主張してきて、そこにカツオ節の濃厚なうま味も混じってくるものだから、ここでもはや、収拾のつかない美味の混乱が起こってきたのであった。

買ってきた玉うどんと、賢者の贈りもののマイタケだけで、こんなに至福の食が楽しめるのだから、食は楽しい。

イカと里芋の煮付け

丼めしとも相性抜群

小さい時から、煮物といえばジャガイモとニンジン、ゴボウ、サツマ揚げなどを醤油や酒、砂糖などで煮る煮染《にしめ》が大半であったが、時々食べたイカとサトイモ（里芋）の煮つけも大好物であった。その美味しさが忘れられず、今も時々つくって嬉しく賞味している。3日前もつくって食べたが、軽く丼一杯を平らげ、翌日も残りをペロリした。

サトイモ（300グラム）は皮をむいて湯で煮て、2分ぐらいで湯を捨てる。イカ（1ぱい）は内臓を去るが、コロと呼ばれるわた（腸）はとっておく。そのイカを胴は筒切りに、足は切り離してから適当にぶつ切りする。次に、鍋にダシ汁を2カップほど入れ、煮立ったところに酒（イカ1ぱい分に大さじ1）、砂糖（同）を加え、そこにイカを入れて弱火で10分間煮、さらにその上からわたのドロドロとした内容物を指でしごいて搾り出し、よくかき混ぜてから醤油（大さじ2）を加え、汁気が少なくなるまで煮詰めて出来上りだ。

出来上ったものを平たい丼に盛ると、サトイモとイカは少し赤みを帯びたべっ甲色になっていて、そこからイカと醤油からの食欲誘発香やサトイモのほんのりと甘い匂いなどが湯気と共にふわわ～んと起ち上ってきて鼻孔を撫《な》でるのであった。

もうたまらず、先ずサトイモを1個、口に入れてやさしく噛んだ。するとまだ熱いイモは、歯に当たってネットリネトリと崩れていき、そこから微かな甘みと、たっぷりと吸ったイカの濃厚なうま味とがジュルジュルと溶け出てきて、それが口の中でトロトロとなったので、トロリンコと顎下に呑み下した。

次に輪形のイカの身を1個口に入れて噛んだ。イカは歯に応えてポクポクムチムチと弾み、さらに噛んでいくとどんどんと細片していき、そこからイカ特有の濃厚なうま味と、主張気味の甘みとがチュルチュルピュルピュルと出てきて、こちらも絶妙であった。

そこで今度は、サトイモとイカを1個ずつ口に入れて噛んだ。すると口の中は、イモとイカとで溢《あふ》れんばかりとなったが、イモのトロリとイカのシコシコムッチリとした歯応えの対比が嬉しく、そこから湧き出てくる妙味に、いやはや降参降参となるほどの美味しさであった。

このサトイモとイカの煮物をつくる時、大概はイカのわたを加えない人が多いが、我が輩は必ず加えることにしている。わたから出てくる濃厚なうま味とわたに付いているイカ唯一の脂質からのコクが、煮物全体に絡みついて、天下無敵の煮物に仕上げてくれるからである。

そして、この煮物を丼めしの上から汁ごとぶっかけて食べてご覧あそばせ。その美味に失神寸前となること請け合いだ。

パイナップル

心ははるか南の海へ

パイナップルが日増しに糖度を上げてきた。我が輩は琉球大学の客員教授もしているので、よく沖縄に行くのであるが、那覇市の牧志公設市場の果物屋の前でも、石垣市の公設市場の果物屋の前でも、そこを通ると甘い匂いが鼻を撫でてくる。よし、家に送ろうと決めて、先日も4個入りの段ボール箱を宅配便で送った。そして、我が輩が家に帰るのと同じぐらいにもうパイナップルは東京の自宅に着くのであるから、世の中本当に便利になった。

我が輩のパイナップルの好みは、どちらかというと熟し過ぎくらいで香気が高く、切ると果肉から果汁がトロリトロリと出てくるようなものである。だからそのようなものを送るので、とても甘い。

パイナップルが着いたら、直ぐに冷蔵庫に入れて冷やし、それを食べるのが何よりの楽しみだ。昨日も那覇市で買って送ったものが届いたので、それをじっくりと冷やして賞味した。

果実の上の部分を切り落とし、まな板の中央に置いてから野菜庖丁で先ず真ん中から縦切りすると、パイナップルは2つに割れて、とたんに甘い香りがプーンと漂ってきた。かなり熟したものを選んだために、果肉は濃い黄色になっていて、とてもジューシーな感じがした。

周りの厚皮を切り落とし、中の果肉部だけを残してから、食べやすい大きさに輪切りして大きな果物皿に盛った。糖分が相当高く、手はベタベタとしている。その輪切りした大きな丸い果肉をフォークでグサリと刺し、それを持ち上げてパクリとひと口食べた。

それを歯で噛んだ瞬間、冷たいパイナップルからジュルルジュルルという感じでジュースが溢れ出て、プッと口から逆流する始末であった。そして口の中には、パイナップルの甘い味と、しかしまだ確実に残っていた爽やかな酸味とが充満し、トロピカルな香りと共に心はすでに東シナ海へ素っ飛んで行ってしまうかのような心地であった。

その冷たく甘酸っぱい美味しいパイナップルを堪能したが、実はまだ半身は手をつけていない。そこで、いつもやる手なのだが、その半身はジューサーにかけてジュースを取り、夜の部に廻すために冷蔵庫で冷やした。

その日の夜、冷たいそのジュースをグラスに半分ほど入れ、そこにこれまた南国の酒泡盛を半分ほど注ぎ込むと、コップはこぼれんばかりに満量になった。そのコップに口唇をとがらせるようにして近付け、そのカクテルをチューと啜り込んだ。

すると酒は、鼻孔からパイナップルの香りを吹き出しながら食道を下り、胃の辺りに行って止まると、その辺りがジィ～ンと熱くなってきた。もう心はすでに、東シナ海どころか南太平洋まで素っ飛んで行ってしまう心地となった。

第11章

頰っぺた落としの味

地鶏の親子丼

嬉しい友からの贈り物

久しぶりに八溝《やみぞ》の義《よ》っしゃんの登場だ。八溝山地からシャモ（軍鶏）の肉と卵を送って来たのだが、そこには「放しげえのシャモつぶしたもんだがら送っぺ。すごし硬がっぺけど、味はんめがら食ったらいいがっぺ」（放し飼いのシャモを解体して送った。少し硬いけれども、味は美味しいから食べてみなさい）という阿武隈・八溝弁そのままの手紙が添えてあった。このように義っしゃんは何の前ぶれもなく、ある日突然に自然からの恵みものや自分で育んだ農作物を送ってくれるので、とても嬉しい友人なのである。

送られてきたシャモ肉は、やや赤みがかっていて、脂肪層はとても鮮やかな黄色。全体にしっとりとしていて、光沢さえ放っている。また添えられていた鶏卵は全部で10個ほどあり、小さな段ボール箱の中に籾殻《もみがら》を詰め、その中に入れて送ってくれたので全て無傷で届いたのであった。卵は紅玉で、市販のものよりやや大きく、手に持つとずっしりとしている。それにしても、1羽分の肉量としてはとても多く、かなり大型の鶏なのだろうと思った。

送られてきてしばらくは鶏肉三昧で、茶碗蒸し、吸いもの、鶏めし、サトイモとニンジンとコンニャクとの煮〆《にしめ》などで賞味したが、とりわけ美味だったのは親子丼であった。丼ものが大好きな我が輩、ぜひつくって食べてみたい衝動に駆られて、俺流の親子丼をつくったのである。ダシ汁に少しの砂糖、味醂、酒、醬油を加えて煮汁をつくり、そこに斜《はす》に切ったネギを入れ、さらにシャモ肉（大体1・5センチ四方に切ったもの）も入れてグツグツと煮込み、肉が煮えたなという頃合いを見てから、解き卵を上から廻しかけし、あとほんの少し煮込む。それを蓋付きの丼に盛った飯の上からドロリと掛け、その上に繊切りした海苔《のり》をパラパラと撒いて完成である。

胸キュンキュンさせながらその親子丼を食べた。丼の蓋をとると、そこには憧れの親子丼が眩《まぶ》しく我が輩を待っていた。卵の黄身と白身の鮮やかさが絶妙で、先ず持ち上げた丼の端に口を付け、ズルズルと啜《すす》るようにして卵と肉と飯とをいっぺんにかっ込み、嚙みはじめた。すると瞬時に鼻から煮汁の甘じょっぱい匂いと海苔とネギの快香とが抜けてきて、口の中では、シャモ肉のシコシコムッチムッチする中から、とても美味しい汁がジュルジュルと出てきて、少しの脂肪身からのコクもトロトロとやってきて絶妙であった。

そして、半熟気味の解き卵が口の中でジュルジュルテレテレとし、卵の上品なうま味が流れ出してきて、さらに煮汁に染まった飯からの濃いうま味と甘みとが追いかけてきて、さすがは義っしゃんの育てたシャモ肉だわい、と感心しながら、八溝の方角に向かって万歳三唱した。

鰯の竜田揚げと南蛮漬け風

「食魔亭」流レシピで賞味

魚や肉を、醤油と味醂などで下味をつけ、それに片栗粉をまぶして油でこんがりと揚げたものが竜田《たつた》揚げである。揚げた衣の色が、紅葉の名所竜田川（奈良県）のモミジに似ていることに因《ちな》んで付けられたそうだ。

その竜田揚げといえば鯨肉、サバ、鶏肉などが定番で、我が輩はこの竜田揚げが大好きなのでよくつくっては食べるし、この連載にも2度ほど書いたことがある。ところが、まだイワシを使った竜田揚げのことは記していない。このイワシの竜田揚げは実に美味しく、その上安上がりでもあり、1年中賞味できるので食べなきゃ損損とよくつくって食べている。以下に我が厨房「食魔亭」流の美味しいつくり方、食べ方を書くことにする。

イワシは頭や内臓を去り、腹の内部をよく水洗いしてから3枚におろす。漬け汁（醤油大さじ2、日本酒大さじ2、しょうが汁小さじ2）におろしたイワシを漬ける（大体15分）。漬け汁からとり出し、表面の水気を拭きとり、片栗粉を両面にまぶす。約170度の油でカラッと揚げて一応出来上り。この「一応」というのが我が厨房の得意とするところで、このまま竜田揚げでも食べられますよ、ということであって、もっと美味に食べるのにはこれから先ですよ、という意味なのである。

それは、酢で酸味をからめた南蛮漬け風にすることで、香酢（中国産の酢）又は黒酢（玄米酢）を使い、特有の風味を付けることである。その酢を大さじ7、紹興酒（日本酒でもよい）大さじ2、醤油小さじ2、蜂蜜大さじ2、ニンニク（2片）のすりおろしを合わせて酢だれをつくり、そこに手で少しもんだ鷹の爪1本を切らずに加える。そして、この酢だれにイワシの竜田揚げをヒタヒタとなるぐらいに漬け込み、30分ぐらいしてから食べる。

そしてそれをいよいよいただく。真っ白い丼鉢に盛ったそのイワシの竜田揚げ南蛮風は、全体が淡い褐色に染まり、表面は蜂蜜を加えたことで照り輝いていて眩しい。取り皿に1枚をとり、それを食べた。噛むと、酢だれに浸っていたとは思えないほど衣がサクリと歯に応え、とたんに鼻孔から竜田揚げの香ばしい匂いと、発酵酢の甘酢っぱい芳香、ニンニクの快香などが抜けてきた。

さらに噛んでいくと、イワシの身から濃いうま味がジュルジュルと湧き出してきて、また衣の油からはペナペナとした感じのコクがチュルチュルと流れ出てきて、それを酢の酸味や蜂蜜の甘みがしっとりと包み込んで、さらに鷹の爪のほんの少しのピリ辛が、小回りの利く役者となって、絶妙であった。この肴《さかな》には焼酎のお湯割りがよかろうと、あとは竜田揚げをムシャリンコ、焼酎をコピリンコで極楽を見るのであります。

シャコ

甘くて優雅、目から鱗

シャコ（蝦蛄）はシャコ科の節足動物で、海岸の砂や泥に穴を掘って棲んでいる。形は何となくエビに似ているだけあって、味もエビに近い。左右に付いていて伸び縮み自由な捕脚の指節には鋭い刺《とげ》があり、これで目の前を通る小魚を瞬間的に捕らえる速さは驚くべき速度だという。また、アサリのような小貝にその捕脚を強く打ちつけて、いわゆる肘打ちによって貝殻に穴をあけ、食べてしまうということである。何とも凶暴な生きものもいるものだ。

そのシャコを捕ってきて、生きたまま茹《ゆ》でて食べてしまう人間の方が凶暴だわよ、なんていう人もいるが、そう言われてもシャコの美味しさを知ってしまうともう夢中になって、人の話など聞いていられない。

先日、広島県福山市鞆《とも》で食べたシャコは、我が輩のシャコ食歴の中でも特筆すべき美味しさであった。それも、ちょうどシャコの旬と重なっていたということで、それはそれは頬落舌踊《ほおらくぜつよう》、涎《よだれ》テレテレの味がしたのである。

そのシャコはいずれも並のものより大型で、殻を外した可食部でも13センチはあるという超高級サイズだ。いずれのシャコもポッテリと太っていて、産卵期だったので抱卵もしていた。早速、山のように盛られていたその茹で立ての中から、1匹取り出した。シャコの長い腹部の左右と尾節の後部にはすでにハサミが入れられていたので、容易に殻を外すことができた。

何も付けずにそれを口に入れて嚙むと、ポクッといった感じでシャコが胴体の中央付近で二つに切れ、その半身がコロッと口の中に入ってきた。それをムシャムシャとじっくりと嚙んでいくと、肉身の方がホクホクとしながら崩れていき、そこからかなり甘い味がチュルチュルと湧き出してきて、さらに上品で優雅なうま味も溶け出してきた。すると今度は、肉身の内側の方にびっしりと付いていた赤褐色あるいは赤黄色を帯びていた卵巣の粒々が口中にほとばしるかのように出てきて、そこからは肉身には無い濃いうま味とコクとがピュルピュルと出てくるのであった。

いやはやそのシャコの美味しさに、すっかり感動しながらも、あとは次から次に貪ぼるようにして瀬戸内の鞆のシャコを堪能したのであった。シャコは鮨屋では人気の握り種で、いつも必ず賞味していたのではあったが、茹でただけのシャコがこんなに甘くて優雅な美味しさを持っていたことを知って、正に目から鱗が落ちる思いであった。

すっかりとそのシャコの食事会を終えて、1時間ほどしてから我が輩は新たな感動を覚えた。実はシャコを食べ終えた時、自分のおしぼりで口の周辺を十分に拭いたのであったが、何と唇にはまだシャコの上品な甘さが1時間経ってもほんのりと残っていたのであった。

ゴボ天

歯応えと野趣の香り

このところゴボウの天麩羅《てんぷら》（以下ゴボ天）に凝っている。天麩羅の中ではゴボ天こそ秀逸の存在と日頃から思い込んでいるので、天麩羅が食べたくなってつくるときには、材料にゴボウを外したことはない。

カリカリ、シャキリシャキリとする歯応えや、ゴボウから出てくるかすかな土の匂いのような野趣の香りがたまらなく好きなのだ。

先ず、ゴボウは包丁の背で皮をこそげ取り、繊切りにしてから水に浸けてアクを抜き、それをザルにとってよく水を切る。揚げ衣は、鶏卵1個に小麦粉半カップ、水大さじ2、塩少々を混ぜ合わせたもので、それにゴボウをつけ、揚げ油は180度ぐらいの中温で、じっくりと揚げて出来上りとする。

その揚げたてに、塩をパラパラと振って先ず食べてみた。ひと口がぶりと食べると、ゴボウは歯と歯で嚙み切られ、それを包んでいた衣もゴソッと口の中に入ってきた。ハフハフするほど熱い。

いよいよ嚙んで行くと、ゴボウは歯に応えてカリリ、シャリリとし、はじめサクサク感のあった衣は、次第にやわらかく溶けていく。そしてそのゴボ天から、野趣を感じさせる匂いが鼻から抜けてくるのであった。

口の中では、嚙む度にゴボウからかすかな甘みがチュルチュルと、力のあるうま味がジュルジュルと出てきて、さらに衣の油からは、ペナペナとしたコクも流れ出してくる。そしてそれらの味をわずかの塩がぐっと引き立てるものだから、全体が今度は調和のとれた美味の極致へと変って行くのであった。我が輩は、ゴボ天たったのひと口でこんな心地を悟れるのだから、所詮《しょせん》お安くできている。

せっかくこんなに美味しいゴボ天をつくったのだからと、食べて残ったものをとって置いて、翌日は、汁掛けうどんの上にのせて食べたのであったが、いやはやうまかったですなあ。

ちょうど都合の良いことに、冷蔵庫の中に前の日の昼に食べた玉うどんが残してあったので、思いついたのである。

その玉うどんを湯の中で温め、湯を切って丼に移し、その上にゴボ天1枚をのせ、さらにそこに熱々の麺つゆをかぶせてゴボ天うどんとした。上から薬味の刻みネギをまき、七色唐辛子を振りかけて、それを食べた。

すると、湯気にのって出汁《だし》からのカツオ節と醤油の匂い、ネギからの快香などが立ってきて、さらにうどんを何本か箸でつまんで口に入れ、ズルズルズルと啜《すす》り込むと、そのうどんは、麺つゆのダシのうま味とゴボ天からのコクにしっかりと染まっていた。

追っかけて口に入れたゴボ天は、ここでもカリリ、シャリリと歯に応えて、ゴボウの甘みとうま味が口中にほとばしって出てきたのであった。

シーフードチャーハン

残りもので食欲昂進

我が厨房「食魔亭」では、月末のある1日に冷凍庫にしまっておいた食材を取り出してきて、それを料理して食べることを必ず行っている。大概は料理したときに使い切れなかったものを一時的に冷凍庫に保管していたものなので、早い話が残飯整理的料理ということになる。

つい先日も、冷凍庫からいろいろなものを取り出してみたのだが、やはり毎月同じように魚介類が圧倒的に多く、その日はムキエビ、ホタテ、イカ、殻付アサリ、シラス（白子）などが出てきた。それを見て、これはもう大好きなシーフードうどんで決まりだな、と思った。シーフードうどんといっても、普通の汁かけうどんの上にそれらのエビやイカなどを軽く調理してのせるだけのものである。

ところが今度は、冷蔵庫を開けてみて突然うどんからチャーハンへの変更を余儀なくされた。２日前から容器２箱に食べ残しのご飯がたっぷりととってあるのだ。よし、それではシーフードチャーハンにしようと決め、それをつくることにした。

魚介類を解凍し、ムキエビとイカは小さく切り分け、ホタテは丸のまま、アサリは殻付きのままにした。先ずそれらを、少量のサラダ油を引いたフライパンで炒め、味塩と胡椒で好みの味にととのえた。次に大きめのフライパンにサラダ油を引き、そこにご飯を入れてしばらく炒める。ご飯がパラパラになり、全体がふっくらとしてきたら、炒めておいた具をそこに加えて、あとは木べらで混ぜ合わせながら炒めて行く。

そこで待て！　我が輩は、今度はカレー味でも食いたいなあ、と即座に思いつき、上からカレー粉を全体に振り込んで、ご飯全体がカレー色に染まるまで炒めて出来上りとした。シーフードうどんからシーフードチャーハンに変り、それをシーフードカレーチャーハンにまで持って行ってしまうこの喰いしん坊さには、自分でもあきれ返ってしまうほどだ。

出来上ったその黄色いチャーハンを平皿に盛り、いよいよ食べた。カレーの食欲をそそる匂いが漂う中、散蓮花《ちりれんげ》でそのチャーハンをすくいとり、口に入れて噛んだ。瞬時に口の中にはカレーの快い辛さが広がり、さらに噛んで行くと、先ずエビやイカが歯に当たってコリコリし、そこから上品な甘みとうま味とが湧き出してきた。またコロリとしたホタテは絶妙であった。噛むとポクリ、ホコリとしてから崩れていき、それが歯と歯に潰されて、ホタテ特有の優雅な甘みと繊細なうま味とがチュルチュルと流れ出てくるのであった。アサリの身からの濃いうま味も大いに存在感を示している。

そして一粒一粒が黄色に染まった飯粒からは、品のいい甘みが出てきて、それがカレーの快い辛さに囃《はや》されて、食欲を大いに昂進させるのであった。

真鯛の霜降り

目にも口にも麗しく

　近所に住んでいる知人が、三浦半島の沖でマダイ（真鯛）を釣ってきたので食べないか、と言って届けてくれた。嬉しくなって万歳三唱。よく観察してみると、何と天然の鯛の美しいことか。背に近い方は少し黒みを帯びた桃色で、そこから下の方は全体が冴えるほどの赤桃色、そして腹部のぽってりとした辺りはやや黄色を帯びた白色だ。目は一点の濁りも無く、キラキラと光りながら澄んでいて、生きの良さはこの上ない。

　早速、我が厨房「食魔亭」で下ごしらえをした。鱗を去り、内臓を捨て、3枚におろすといった通常の処理で、頭や粗《あら》と、おろし身に分けた。頭は「カブト煮」に、粗は粗汁や潮汁《うしお》に使うためにとっておく。そしてその日は、おろし身を刺し身で食べることにしたが、ただの刺し身は時々食べているので、久しぶりに霜降り刺し身で賞味することにした。柵《さく》取りした上身を、皮を上にして俎板《まないた》にのせ、その皮に熱湯をかけると、皮が縮んでくる。これを手早く氷水にとり、直ぐにそこから取り出して晒《さらし》で水分をよく拭きとって刺し身におろして出来上りだ。皮の方がくるっと縮んで、淡い桜色の縮緬《ちりめん》絞りのようになり、一片一片の刺し身の反り加減が、またぐぐっと食欲を引き付けるのであった。

では早速いただきましょうと、その霜降りを箸でとり、ワサビ（山葵）をチョンと付け、醬油もチョチョンと付けて食べた。嚙むと、さすがに生きのいいマダイだけあって身が締り、それがさらに氷水で冷やされたものだから、コリコリシコシコとした歯応えがして、そこからマダイ特有の優雅なうま味と上品な甘みがチュルチュルと出てくる。そして嚙んでいると、皮のあたりがさらに歯にシコシコと応えて、頰落舌踊《ほおらくぜつよう》の美味しさが楽しめたのであった。

せっかくの霜降り刺し身なので、次は「マダイの霜降り丼」をつくった。勿論我が輩のオリジナル料理なのだけれども、大層美味しいので「食魔亭」の名物である。先ず、酢小さじ2、砂糖小さじ1、塩少々を合わせ、少しかために炊いた熱いご飯1人分にふりかけてからさくりと混ぜてすし飯をつくった。これを丼に7分目ほど盛り、その上に醬油に3

分間ほど漬けた霜降りタイをびっしりと並べるようにしてのせ、さらに繊切りした海苔を散らし、中央部におろしワサビを置いて出来上りだ。

すし飯の酢味と甘みとが、タイの上品なうま味と甘みと醬油味にピタリと合い、またコリコリシコシコとした霜降り身の歯応えもよろしく、さらに海苔の食欲をそそる匂いも嬉しく、あっという間に丼は底を見せるのであった。またこの霜降り刺し身での茶漬けも、たちまちのうちに我が輩の大脳味覚受容器をうまさで充満させてしまった。

第12章

コピリンゴ・ムシャリンゴ
至福の反復

「さとこ」の吟醸酒

見事な「切れ味」に酔う

「さとこ」という名の女に、このところ心が奪われている。東京生まれの東京育ち、青山学院大学理工学部出身の28歳。大学を出るとすぐに、酒造りの世界に飛び込んで行って、まず名酒を誕生させるのに定評のある酒造り集団「南部杜氏《なんぶとうじ》」の下で厳しく修業を受け、和歌山市にある江戸時代創業の酒造蔵で酒造りをはじめた。

実はその蔵元は「さとこ」の母親の生まれた旧家。つまり母の実家に入って酒造りに奮闘しているのである。

「さとこ」とは長谷川聡子さんのこと。我が輩がなぜこの女性に心を奪われているかというと、先日、彼女の醸した「さとこのお酒」という銘柄の吟醸酒をはじめて飲んだ時、そのあまりの繊細な味と香りに驚き、女杜氏ならではの優しさがその酒の中に込められていたからである。大学で専攻した理工系の頭脳を酒造りに生かし、ハードとソフトを巧みに織り込みながら、洗練された女性らしさを表現している酒質なのである。

手に入れたその酒を、大きめの盃《さかずき》に注ぎ、まず匂いを嗅ぐと、とても高尚な感じの芳香がやさしく鼻孔を撫でる。メロンやリンゴ、ラ・フランスのような爽やかな果物風の匂いで、「吟醸香」と呼ばれる幻の芳香だ。そして、その酒を口の中に入れ、コロコロと転がすようにして味わってみると、酒は舌の上や頬の内側に優雅に広がり、そこから丸い感じの上品な甘みと微《かす》かな酸味、アルコールの滑らかな辛みなどが湧き出てくるのであった。

その妖しいほどの妙酒をコピリンコと飲み込むと、酒は喉をスーッと降りて行って胃の周辺に達し、その辺りがじんわりと温まってくるが、その時ややっと驚いた。何と口の中にあった酒の味が一瞬のうちに消えているのだ。つまり、誠にもって見事な「切れ味」を持った酒なのである。

こういう切れ味の鋭い酒は、次の一盃もその次の一盃も美味しくいただけるので、幻の酒と言われる所以《ゆえん》なのである。

よしよし、この酒にはひょっとしたらカマンベールチーズが合うぞと思い、冷蔵庫の中にあったものを出してきて、それを小さな賽子《さいころ》状に角切りした。

そして、そのチーズの1個を爪楊枝でとり、口に入れて食べると、口の中にはねっとり、まっとりとした重厚なうま味と微かな苦味が広がる。そこに「さとこ」が醸した吟醸酒を静かに含み込むと、カマンベールチーズのクリーミーなコクに切れ味のよい酒の甘辛酸味が重なり、絶妙の美味を鑑賞することができた。

こうなると、もうどうにも止まりませぬ。気が付けば四合ビンの「さとこ」はもう残り少なく、カマンベールチーズは跡形も無くなっていた。

教え子の焼酎

ホタテ、エビ……串焼き肴に

大学で我が輩から醸造学や発酵学を教わり、地元に帰って酒蔵を営んでいる弟子たちは、全国に沢山いる。とりわけ鹿児島県の芋焼酎蔵と沖縄県の泡盛蔵にはとても多くいて、彼ら小泉チルドレンたちは自らの酒蔵ばかりでなく、地域の発展にもそれぞれに貢献しているのであるから、嬉しい限りである。

そのチルドレンたちが時々、自慢の焼酎を送ってくれるので、コピリンコ、グビリンコして楽しませてもらっている。せっかくなので、いつも肴《さかな》にも気を配って飲《や》っている。実は昨夜も鹿児島のチルドレンが送ってくれた芋焼酎をいただいた。

肴は少し凝ってみた。近くのデパートの食品売り場に行って、ボイル済みのホタテ（6

個入りぐらいにパックされて割合安く売られている）と、同じくパックされた殻をむいたエビ（これも気楽に買える値段）、さらに豚のバラ肉（三枚肉）、アスパラガスを買ってきた。

先ず竹串を用意し、串1本につきホタテを3個ほど、エビは5尾ほど刺す。バラ肉はやや厚めに方寸に切って、2枚ばかり刺す。アスパラガスは4センチほどの長さに切り、4～5本横刺しに。これらに味塩とコショウを振って味をつけておく。

次にフライパンに油を引き、その上でそれぞれの串刺しを油焼きする。ホタテは一度ボイルしてあるので、両面に焦げめが付いたらそれでよい。エビは全体に火が回って赤くなり、ポクポクとしてきたらばそれでよい。バラ肉は両面をじっくりと、キツネ色まで焼いて出来上り。アスパラガスは炒めるように焼き上げて、中心まで火が届いたところでこれも出来上り。

それらの肴が全て揃ったら、大きな平皿に並べ置いて、いよいよ飲み方開始。先ず薩摩焼の黒物の湯呑みに湯を3分目ほど入れ、そこに送ってくれた芋焼酎を注ぎ入れて8分目ぐらいにまでして、それをいただいた。

先ずそのお湯割りの焼酎をゴビッと口に含むと、瞬時に鼻から芋の匂いが抜けてきて、口の中にはアルコールの辛さと微かな甘みが広がって行く。それをコピリンコと呑み下すと、焼酎は1本の糸を引くようにスーッと喉を下っていき、胃袋辺りに納まると、今度はその辺りがジュワワ～ンと熱くなった。そこでホタテの串をつまみあげ、ぐいっとホタテを串から引き離してムシャムシャと食べた。噛むほどにホタテはホコホコと崩れて行って、そこからとても優雅な甘みと上品なうま味が湧き出てきた。エビもポクポクする中から特有の甘みがジュルジュルと出てきて、豚バラ肉からは濃厚なうま汁と脂肪からのコクがトロトロと流れ出してきて、アスパラガスはコリコリして爽やかなうま味を放ってきて、全ての肴が焼酎の辛さにピッタリと合って、いい教え子を持ったものだと嬉しくなった次第だ。

地鶏の味

甲州ワインと一緒に

　甲府市に用事があり街を歩いていると、「甲州地どり直売所」という、食いしん坊にはとても気になる店の前を通った。味覚人飛行物体の我が輩も、こういう看板を見つけると、そこを素通りできない質《たち》なので、その店に入って様子を見ることにした。

　店はそう大きくなく、店内にはほんの少ししか地鶏の肉は置いてないところを見ると、なかなか売れていないようだ。話を聞いてみると、昔から美味しさで知られる甲州産の軍鶏《しゃも》と、白ロックを親にして、山梨県が独自に開発した肉鶏だという。それを甲州地どり生産組合が自然の中で放し飼いをしているという。それならきっと美味しい筈だと、その地鶏を料理してくれる店を聞いてから、そこに向かった。

そこで出してくれたのが、串に刺して焼いた正肉や内臓の焼き鳥、地元のワインを使った煮込み、から揚げなどであった。

それでは賞味致しましょうと、先ず正肉を串に刺して塩焼きした焼き鳥を1本手に持って、肉を前歯でくわえてムンズと串を引くと、肉はコロリと口の中に入ってきた。それを噛みしめながら、じっくりと甲州地どりのうま汁を鑑賞したのであったが、その肉はとてもしっかりとしていて、噛みしめる度に濃厚なうま汁がジュルジュルと湧き出してきて、さすが底力のある地鶏だなあ、と感心したのであった。そして、幾度も噛みしめて、それをゴクリンコと顎下《がっか》に呑み込んでも、口の中には、まだそのうま味が残っているのであった。

次に、砂ギモの串焼きに手が伸びた。塩を振って焼いたものであったが、その塩加減がちょうどよく、こちらも美味であった。口に入れて噛むと、砂ギモ特有のコリコリシャキリシャキリとした歯応えの中から、今度はさっぱりとしたうま汁と微かな甘みとがチュルチュルと湧き出してきて、またもやこの地鶏の味に引きずり込まれてしまった。

夕方であり、せっかくなのでこの地鶏には甲州ワインが合うだろうと予想し、それを注文して、コピリンコと飲んだ。ワインは舌の上から喉を下って胃袋に達すると、その周辺がジワーッと熱くなってくる。その時、ちょうどいいタイミングでから揚げも出てきたので、それからしばらくは、その甲州ワインとから揚げでコピリンコ、ムシャリンコ、ムシャリンコ、コピリンコを交互に続けた。

いやはやすばらしい取り合わせでしたなあ。から揚げからは、とても味の濃いうま汁が出てきて、そこに揚げ油のコクがまとわり付く。それをムシャリンコと呑み下し、透かさずしっかりした辛みと渋みのある甲州ワインを口に含むと、今度は一変してワインの世界。やはり地のもの同士の甲州地どりと甲州ワインは合いましたねえ。

バイ貝

秋の夜長に熱燗と

貝類は大好物であるが、中でも一番好きなのはバイ貝である。アワビもサザエもカキもホッキもハマグリも大好きだが、秋から冬にかけてのバイ貝ほど美味しいものは他にあるまい。

そのバイ（蛽）には、標準和名のバイ（アズキバイ）とエッチュウバイ（シロバイ）とがあるが、最高級品として取り扱われ料亭などで流通しているのは後者である。

そのエッチュウバイは、日本海の水深２００メートルから５００メートルの深海に棲み、殻高10センチに及ぶ飴色をした巻き貝である。殻は薄く壊れやすいが、これを甘じょっぱく煮付けた含め煮は、誠に美味しい。実は我が輩がよく行く自宅近くの居酒屋では、この時期になると上手に含め煮にして出してくれる。先日もひょいとその店に立ち寄ってみると、「ありますよ先生」というので我が輩ニヤリと微笑《ほほえ》んで椅子に座った。

この時期、もう黙っていても日本酒には燗が付けられて出された。それを盃に注ぎ、「では……」と独りごとを言ってグビリンコと呑んだ。熱い酒は食道を下って行くのがよく解り、さらに胃袋に着くと、今度はその周辺をじんわりと熱くしてから静かになった。ああ秋だなあ、夏を越した日本酒は円く滑らかに育っていてうまいなあ、などと感心しながら再び「では……」と独酌してこんどはコピリンコ。

1本目の徳利《とっくり》の酒が底を突く前に、待望のバイ貝の煮付けが5個ほど丼に盛られて目の前に出された。見事なバイだ。色は美しい飴色でその殻には艶があり、全体がコロっとしている。日本酒と味醂《みりん》、砂糖、出汁《だし》で甘じょっぱく含め煮したものである。

その1個を左手に持ち、右手には長めの楊枝《ようじ》を持って、その楊枝の先端を貝の口の中に見える肉身に突き刺し、左手の貝を静かにクルクルと回しながら楊枝を引くと、貝の肉身が見事に殻の外に出てきた。

その肉身を口に入れてムシャムシャと嚙んだ。すると少しヌラヌラとしながら、その身はコリコリ、コキコキと歯に応え、そこから貝特有の奥行きのあるうま味と優雅な甘みとが、チュルチュルピュルピュルと湧き出してきた。そして、空になったその殻を口に付けて逆さにすると、中に残っていたわずかな煮汁が口の中に入ってくる。しみったれた話だが、そこにはまだ貝の濃厚なうま汁と甘みとがしっかりと残っているので、その汁まで味わってやるのが俺流なのである。

そこで2本目の燗酒を頼んで、またチビリンコと飲《や》り、コキリンコとバイを嚙む。そのうち、快い微酔が甘えるようにやってきて、またもやコピリンコ、そしてコリリンコ。秋の夜長はしびれますなあ。

晩秋の焙り

七輪と炭火で香ばしく

コモリンコ・ムシャリンコ 至福の反復

我が輩は、秋が深まってくると、ある一日の夜を決めて「晩秋焙《あぶ》りと燗酒の夕べ」を催している。と言っても客など一人も呼ばず、家の者も寄せつけず、たった独りで秋の夜長を楽しむという寸法だ。「先生って意外に内向的ね」とか、「孤独で可哀相《かわいそう》ね」なんて言う人もいるかもしれませんが、そんなことはありません。とにかく、うまいものはなるべく独りで味わいたい、邪魔されたくないという本性の現れなのであります。

さてその「晩秋焙り」とは何かというと、この季節の旬のものを串に刺し、炭火で焙って食べるというもの。実はその夕べを一昨日行った。串に刺す種物《たねもの》はギンナン、生シイタケ、カボチャ、芝エビ、カキ、ムキホタテ、スルメイカに決めた。酒は我が輩好みの、少し辛口の純米酒にした。

我が厨房「食魔亭」の中央にあるテーブルの上に七輪《しちりん》を置き、炭火の上に網渡《あみわたし》を置いて金串に刺した種物を塩を振ってから焼いた。一方では、徳利に純米酒を注ぎ、鍋に沸かした湯で温めて、燗酒を用意した。金串に刺したエビやイカ、シイタケが焼けはじまると、そこからとても香ばしい匂いが青紫色の煙と共に厨房中に広がって行って、とても我慢できないほど食欲をそそる状況になってきた。

いよいよ焼き上がったものから食べることにし、先ず鶯《うぐいす》色に焼けたギンナンを串から抜いて食べた。口の中にコロリと入ってきた熱々のギンナンを噛むと、ポクリとした歯応えの中から、上品な甘みと不思議な苦みとが微かに湧き出てきて、そのコントラストが絶妙であった。次に薄く切ったカボチャを食べると、少しカリリとした感じが歯に当たったが、次第にそれがネトリとなり、そしてトロトロリとなって、そこから自己主張のある甘みと野趣感のあるうま味が出てきた。

次は真っ赤に染まった芝エビを串から抜き、そのうちの1尾を指にとり、殻をつまんで左右に引っぱると頭部と胴部に分かれた。頭部のつけ根のところに付いているエビみそをペロペロとなめ、また胴の方は殻をむいてから食べると、口の中でポクポクしながらエビは次第に潰れていき、そこから濃厚な甘みと上品なうま味とがチュルチュルと湧き出してきた。

　ここで、いよいよ最初の燗酒を盃に注ぎ、 よよっ、といった感じでコピリンコ。人肌の酒の甘辛酸味は口の中でパーッと広がり、それが食道や胃に流れ下って行くと、その周辺が熱くなった。「あぁー、うまいなあ」と感嘆して、次に焼きガキをペロリンコ、シイタケをムシャリンコ、イカをコキリンコ、ホタテをポクリンコ。そしてまた燗酒をグビリンコ。晩秋は美味しいですなあ。

真鯛のづけ揚げ

優雅な味わい、芋焼酎と

「から揚げ」には、二つの意味があるのが不思議でならない。一方は、鶏肉や小魚などを衣をつけずに油で揚げること、他方はそれらに小麦粉や片栗粉を軽くまぶして油で揚げることである。衣をつけるかつけないかという、料理上では基本的に全く違うことを一緒にしている点がなかなかわかりにくい。

まあ、そんな難しいことはそっとしておいて、から揚げといえば鶏肉がその代表で、他に小アジ、フグ、小アユ、カレイ、小エビなどの魚介類、ゴボウ、レンコン、ジャガイモのような根菜類など沢山ある。全般的に見ると、脂肪や油分の少ないものが多く、これはきっと油で揚げることによって材料にコクをのせ、淡泊な味を濃厚にする手法なのであろう。

さて、先日、近所に住んでいる知人で海釣り歴30年というベテランから、逗子《ずし》市小坪《こつぼ》沖で釣ったというマダイ（真鯛）を1尾いただいた。早速おろして刺し身とし、頭は大好物の甲《かぶと》焼きにして賞味したが、半身がまだ残っている。そこで久しぶりに、プリプリと活きのいいマダイを（少々もったいないが）づけ揚げにして食べた。いやはやその美味しかったこと。

マダイのおろし身を適当にぶつ切りし、それを醤油に10分間ほど漬ける。その汁気を切ってから片栗粉をまぶし、やや高めの油（大体180度）でカリッと揚げる。キツネ色がやや濃いぐらいにして出来上りだ。

このような油に包まれたものを食べるときの酒は、何と言っても辛口もので、すなわち焼酎がよく合う。薩摩の芋焼酎に決め、先ず湯呑み茶碗に湯を3分目ほど入れ、その上から7分目の焼酎をかぶせた7・3（しちさん）割りで飲《や》った。

先ずその焼酎をキューとひっかけると、空きっ腹に効いて胃袋の周りがジィ～ンと熱くなった。そこでマダイのづけ揚げを1個つまみ上げ、口に入れて噛み出した。最初のひと噛みで、揚げ立ての香ばしい匂いが鼻から抜けてきて、その匂いの奥には、加熱されて一層悩ましいほどになった醬油の妖しい芳香も微かに隠されていた。そして、サクリ、カリリとした歯応えの中から、マダイの優美な甘みと耽美なうま味とがピュルル、チュルルと湧き出してきて、そこに醬油のうまじょっぱさが加わり、さらにその全体をペナペナとした油からのコクが包み込むものだから、もうたまらなくなって失神寸前に陥った。

ここで気を失ってはいけないと、気付けの焼酎をグビリンコと飲む（この辺りは相当大袈裟ではありますが）。すると口の中は、とたんにマダイのづけ揚げの世界から一転して、さっぱりとした辛みと微かな甘みの焼酎ワールドへと変わっていった。それにしてもさすがにマダイだ。づけ揚げにしても、優雅な真味はほとんど変わらない。

赤貝と鳥貝のぬた

日本酒に合う優しい甘さ

久しぶりに腰を落ちつかせ、じっくりと日本酒の燗酒を楽しむことにした。さて肴は何にしようかと考えたが、この日の酒はさっぱりとした辛口酒。これなら、少しとろっとした甘みのある肴がよかろうと、思い当たったのが今が旬のアカガイ（赤貝）とトリガイ（鳥貝）のぬた（饅）である。魚介や野菜などを酢味噌で和《あ》えたもので、日本酒にはもってこいだ。

早速近くの魚専門市場に行って買ってきた。アカガイはむき身となっていて、またトリガイは三角形の足が開かれて、いつでも食べられるように下ごしらえされている。皿に取り出してじっと見ると、アカガイは赤みを帯びた朱色で光沢があり、眩しいほどである。

またトリガイは、少し明るいクリーム色の肌に黒紫色の模様が染まり、全体がしっとりとしていて光沢もある。共に「生食用」と書いてあるだけあって実に活きがいい。

ぬた用の和え味噌は、赤味噌大さじ3・5に砂糖と味醂各大さじ1を混ぜて弱火にかけ、よく練る。火を止め、酢大さじ1・5を加えて伸ばし、これで出来上り。器に適量のアカガイとトリガイを入れ、その上から和え味噌をドロリとかけ、一度掻き混ぜて完了である。

次は酒に燗をした。愛用の有田色絵花徳利に酒を注ぎ、鍋に沸かした湯の中に肩口あたりまでとっぷりと浸け、好みの熱さになってから引きあげて、盃に注ぐ。盃は酒質によって選び、淡麗辛口のキリリとした酒には唇に当たるところの縁が肉薄のものを、逆に濃厚でトロリとした感じの酒には肉厚のものと決めているので、この日は同じ有田焼でも薄めの盃にした。

そしていよいよ始めた。酒を盃に注いで、先ずはグイーッと口に含んだ。すると瞬時に、鼻から甘辛く切ないほどの香りが抜けてきて、口の中では熱さの中に甘、辛、酸、コクといった日本酒特有の味がいっぺんに広まって行った。それをコピリンコと顎下《がっか》に呑み下すと、酒は喉を走り、食道を駆け下りて行って、1本の熱い線のようになり、胃袋周辺まで達すと、その辺りで止まり、グルグルと回るように熱さが渦巻くのであった。「ああ、いいなあ、うまいなあ、俺は燗酒が大好きだなあ」などと独り言を呟いて、2杯目をコピリンコ。

そして肴のぬたをいただく。先ずアカガイを口に入れて嚙むと、爽やかな潮の匂い。そしてコリコリとした歯応えの中から、貝特有の濃淡織り混ざったうま味が湧き出してきて、そこに酢味噌の甘酢っぱいうま味がドロリと絡まり付くものだから絶妙。またトリガイを食べると、今度は歯応えがシコリシコリとし、そこからも貝のうま味がピュルピュルと出てきて、それを酢味噌がまたもや囃《はや》すものだから、こちらは絶品。そして追っかけコピリンコ。

アナゴの柳川

燗酒とともに、夢心地

アナゴ（穴子）は、いよいよ5月のこれからが最も美味期の旬に入る。蒲焼《かばや》きにして美味しく、また薄味に煮付けて鮨種《すしだね》にしても絶品だ。アナゴの主食はエビやカニ、貝などだそうだから相当なグルメで、それをとってきて料理して食べるのだからまずい筈はない。

そのアナゴといえば、「江戸前アナゴ」はうまいアナゴの代名詞とされる。可愛いい顔をしている上に、味も上品なので大いにもてはやされるのである。そのアナゴが背開きになって近くの市場で売られていたので、嬉しくなって買ってきた。何をつくるのかというと、「あなごの柳川」だ。前々から、この時期になったらぜひつくって賞味しようと思いながらも、なかなか果たせなかったので今日こそはと、電撃的に決めたのである。

だし汁2カップに味醂大さじ4、醤油大さじ4を加え、この調味液を煮立て、そこに3センチぐらいの小口に切ったアナゴ3〜4尾を入れてさっと火を通しておく。別に、ゴボウ半本をささがきして水に浸し、アクを抜く。鍋に水をよく切ったゴボウを敷き、その上にアナゴを行儀よく並べ、そこにアナゴの煮汁を全部入れてから火にかける。グツグツと煮立ってきたら、2〜3センチぐらいに切った三つ葉（大体20本）を全面に撒き散らす。さらに卵（4個）をよく溶いて、上からトロリトロリと廻し掛け、ふっくらと卵を綴じ、最後に好みによって粉さんしょうを少々振り込んで出来上りである。

さあて出来たぞ、至福の時来たるだぞと、そのアナゴの柳川風を大きめの平鉢に移してじっくりと眺めると、いやはやその美味しそうなこと。少しべっ甲色となったアナゴの上に、卵の黄と白とがくっきりと浮かび上がり、全体に散らばる三つ葉の鮮やかな緑色が目を冴えさせる。そしてその脇には、やや辛口の純米酒を入れて熱燗にした徳利を侍《はべ》らせた。

先ず、その柳川風に箸を入れ、一部を取り皿に移して食べた。瞬時にゴボウの大地の匂い、三つ葉の爽やかな香り、粉さんしょうの快香、煮汁の食欲を躍起とさせる匂いなどが鼻孔から抜けてきた。そして口の中では、シャキシャキとしたゴボウ、トロトロとしたアナゴ、フワフワとした卵が歯や舌に応え、そこから軽快なゴボウの甘み、アナゴの濃厚で奥の深いうま味とコク、卵の上品なうま味などがジュルジュルと湧き出してきて、その全体を煮汁の甘じょっぱ味が纏《まと》めるものだから、それはそれは絶妙であった。

そこで燗酒をグビリンコと呑むと、口の中は一変して今度は日本酒の甘辛酸味に置き替わる。そこで再びアナゴの柳川をパクリンコ。そして燗酒をコピリンコ。嗚呼《ああ》、夢心地だなあ。日本人に生まれてよかったなあ。

昆布〆

夏の夜、冷酒とともに

このところ、白身の魚の昆布〆《こぶじめ》にやや凝っている。我が厨房「食魔亭」で時々つくるのであるが、これがなかなかの評判で、皆から「絶品だ」、「プロ級だ」なんて煽《おだ》てられるものだから、ついついその気になってよくつくるのである。しかし、昆布〆と言ってもそう難しいものではなく、ほんの少しの時間でできるので、我が輩流昆布〆を自分で楽しんでいるといった方が正しい。

そもそも我が輩が、この昆布〆をつくるきっかけとなったのは、おろした魚の刺し身が少し時間が経ってしまうと身に締まりがなくなり、歯に当たってもコリコリ感は消えてグシャリ、ベトリと潰れてしまう。それを昆布で〆てみたところ、刺し身は昆布のうま味に染まりながら身は締まり直して、とても美味しくなることを知ったからで、以後は時々、この方法で美味しく食べているのである。

使う昆布は、北海道に行った時に買ってきた日高産や羅臼産、利尻・礼文島産のもので、いつも常備しているのである。

1カ月ほど前に、知人の釣り人からいただいた2尾のマダイを三枚におろし、それを刺し身で食べ、余りをラップに包んで冷凍庫に保存しておいたものがある。昨日はそれを出してきて解凍し、昆布〆にしたのである。

先ずそのおろし身に淡塩を当てる。次に、乾いた拭巾で昆布をよく拭いてからその上におろし身を置き、その身の上にも昆布をのせて板挾みにする。その上から圧石をかけて3時間ほど置き、昆布を除いてから身を酢洗いし、庖丁して出来上りだ。その昆布は捨てずに、適宜の大きさに切り分けてから味噌に漬けておくと、10日ぐらいすると、とてもご飯に合う美味しい昆布の味噌漬けとなるから重宝だ。

いよいよその昆布〆で刺し身をつくり、先ずは何もつけずにそのまま一切れを口に入れて噛んでみた。昆布〆は、歯に当たるとムッチリとした歯応えがあり、さらに噛んで行くと少しのシコシコ感を残しながら次第にトロトロとしてきて、そこから強い感じの昆布のうま味が湧き出してきて、マダイからは上品なうま味とかすかな甘みが流れ出てきて、それらが口の中でやさしく融合し、それを酢の酸味が上手に囃し立ててくれるものだから絶妙であった。

二切れ目は、ワサビ醤油にチョンと付けて食べたのだが、これはさらに美味しく感じた。マダイの身からのイノシン酸と昆布と醤油からのグルタミン酸との相乗効果によるものだろうが、それはとても自然的な深い味わいの美味しさで、感動的ですらあった。

あとはキリリと冷やした純米吟醸酒をチビリンコ、コピリンコしながら、その昆布〆だけを肴にして飲《や》ったが、これほど嬉しく夏の夜の独り宴を満喫したのは久しぶりのことであった。

初出：日本経済新聞夕刊「食あれば楽あり」（二〇一一年一月四日～二〇一二年一〇月三〇日）。

イラストレーション：北谷しげひさ

小泉　武夫（こいずみ・たけお）

1943年、福島県の酒造家に生まれる。東京農業大学名誉教授。農学博士。専門は食文化論、発酵学、醸造学。現在、鹿児島大学、琉球大学、石川県立大学、福島大学などで客員教授を務める。NPO法人発酵文化推進機構理事長。主な著書は『食あれば楽あり』（日本経済新聞社）、『食と日本人の知恵』（岩波現代文庫）、『発酵食品礼讃』『超能力微生物』（以上文春新書）、『猟師の肉は腐らない』『幻の料亭「百川」ものがたり』（以上新潮文庫）、『いきいき・ビンビン和食生活のすすめ』『くさい食べもの大全』『食でたどるニッポンの記憶』（以上東京堂出版）など多数。単著は147冊を超える。

小泉武夫の　味覚極楽舌ったけ

2019年８月10日　初版印刷
2019年８月20日　初版発行

著　　者　小泉　武夫
発 行 者　金田　功
発 行 所　株式会社 東京堂出版
〒101-0051　東京都千代田区神田神保町1-17
電　話　(03)3233-3741
http://www.tokyodoshuppan.com/
装　　丁　坂川栄治＋鳴田小夜子（坂川事務所）
D T P　株式会社 オノ・エーワン
印刷・製本　中央精版印刷株式会社

ISBN978-4-490-21016-3 C0095

小泉武夫・好評既刊

くさい食べもの大全

日本と世界の奇食珍食を食べつくしてきた
小泉教授が「くさい度数」を初認定！
納豆、くさや、ヘビ、カラス、血豆腐……。
五つ星を獲得したのは？
「命の危険がある」ほどくさい食べものとは？
食文化・民族文化にも触れられる、
面白くてためになる1冊です。
※鼻に栓をしてお読みください。

四六判、304頁、ISBN978-4-490-20895-5　定価（本体1800円＋税）